Belas Letras.

MÚSICA CULTURA POP CINEMA

NÃO ESTOU MORTO NEM À VENDA

MEMÓRIAS

SCOTT WEILAND

COM DAVID RITZ

TRADUÇÃO: MARCELO VIEIRA

Belas Letras

Publisher
Gustavo Guertler
Coordenador editorial
Germano Weirich
Supervisora comercial
Jéssica Ribeiro
Gerente de marketing
Jociele Muller
Supervisora de operações logísticas
Daniele Rodrigues
Supervisora de operações financeiras
Jéssica Alves

Edição
Tatiana Vieira Allegro
Tradução
Marcelo Vieira
Preparação
Tanara de Araújo
Revisão
Vivian Miwa Matsushita
Capa e projeto gráfico
Celso Orlandin Jr.

Foto da capa: Karl Larsen

2025
Todos os direitos desta edição reservados à
Editora Belas Letras Ltda.
Rua Visconde de Mauá, 473/301 – Bairro São Pelegrino
CEP 95010-070 – Caxias do Sul – RS
www.belasletras.com.br

Dados Internacionais de Catalogação na Fonte (CIP)
Biblioteca Pública Municipal Dr. Demetrio Niederauer
Caxias do Sul, RS

T269c Weiland, Scott
Não estou morto nem à venda: memórias / Scott Weiland e David Ritz ; tradutor: Marcelo Vieira. - Caxias do Sul, RS: Belas Letras, 2025.
320 p.

Título original: Not dead & not for sale: the earthling papers/a memoir
ISBN 978-65-5537-415-5 capa dura
ISBN 978-65-5537-496-4 brochura

1. Memórias americanas. 2. Rock (Música). 3. Biografia. 4. Músicos de rock - Estados Unidos. I. Ritz, David. II. Vieira, Marcelo. III. Título.

24/68 CDU 820(73)-94

Catalogação elaborada por Vanessa Pinent, CRB-10/1297

Dedico este livro a
meus maravilhosos filhos,
Noah e Lucy

STONE
TEMPLE
PILOTS
Billboard
1993 MUSIC
AWARDS
ACCESS
JANNINA WEILAND
JULY

NÃO ESTOU MORTO NEM À VENDA

Memórias

Quando bebê, eu era a cara do meu filho, Noah. Aqui estou eu, já interessado em música e, como podem ver, acreditando que é importante ter os próprios discos

PRELÚDIO *ao* PRELÚDIO

Este livro de memórias levou-me, inconscientemente, a novos altos e novos e inexplorados baixos. Foi um prazer trabalhar com David Ritz, um artista e colaborador incansável. Revivi dores, bem como o ápice dos ápices. Senti-me desanimado e exultante ao perscrutar o emaranhado que é a mente e a alma. Minerando em meio às teias de aranha para explorar todos os "porquês" e os "por que não". O coração humano repleto de mágoas e tesouros inspirou-me a cavar ainda mais através desta maratona ou labirinto, a fim de obter as respostas, encontrar a verdade e perdoar as injustiças sofridas, com o intuito de avançar feliz na maior parte do tempo, triste com amor e livre dos pesadelos do passado. Foi uma empreitada e tanto. Mas valeu a pena.

Paz a todos,
Scott R. Weiland

ESTAMOS EM 2010 E A IMPROVÁVEL – caramba, impossível – volta do Stone Temple Pilots não só aconteceu, como está pegando fogo, especialmente depois que nosso segundo single estreou no topo da parada.

Nosso novo single estreou no topo da parada.

Nosso novo álbum está vendendo feito água.

Os velhos fãs estão de volta. Novos fãs estão fazendo fila. Até os críticos, que antes adoravam nos desprezar, estão se derramando em elogios.

Tínhamos sido reduzidos a uma banda desastrosamente disfuncional, com muitos problemas pessoais para sobreviver. Ou melhor, eu tinha sido reduzido ao cara cujos vícios irremediáveis haviam arruinado – e sempre arruinariam – tudo para todos.

Bem, aqui estamos nós, como o Led Zep, tocando em arenas lotadas por todo o mundo.

Eu não poderia estar mais feliz.

E não poderia estar mais puto porque um pasquim do rock'n'roll, nosso arqui-inimigo noutros tempos, reemergiu como o Monstro da Lagoa Negra. Eles fizeram um perfil meu tão absurdo que nem eu me reconheci. Citações foram retiradas do contexto e velhos clichês a meu respeito foram reescritos para parecerem novos.

Bem, talvez o *timing* desse artigo equivocado não seja tão ruim, afinal. Talvez sirva para me lembrar de como estou contente por contar minha história com minhas próprias palavras. Como você vai ver, não tenho medo de pôr no papel os detalhes sobre a vida que levei. Não tenho nada a esconder. Fiz o que fiz. Acertei muito e cometi muitos erros que poderiam ser considerados grosseiros. Está tudo aqui, registrado nos meus sonhos, nos meus projetos musicais, nas minhas letras teatrais e poéticas.

Você verá que muito disso tem a ver com amor. Estou apaixonado pelo amor – ou será que é apenas a ideia de estar apaixonado pelo amor? Acredito que o amor de verdade só acontece duas vezes, mas por que, eu me pergunto, o amor sempre tem a ver com um coração partido?

Com tudo isso em mente, decidi contar minha história. Já vendi quase 40 milhões de discos e, na época, nem achei que fosse grande coisa. Acreditei que esse sentimento mudaria mais tarde com o *Magnificent Bastards*, com meus dois discos solo (*12 Bar Blues* e *Happy in Galoshes*), com o Velvet Revolver e, finalmente, com a ressurreição do STP. Este livro é uma tentativa de apreciar a complexidade de tanto sucesso em meio a tanto caos.

Escrevi estas memórias para que você ouça essas coisas diretamente de mim. Não sou arrogante o suficiente para chamá-las de *a* verdade. Mas as chamo de *minha* verdade. Minha vida tem sido distorcida, desmoralizada, redentora, notável.

Permita-me começar regressando ao ponto em que, apenas dois anos atrás, minha cabeça estava uma confusão só.

Prepare-se para adentrar a toca do coelho.

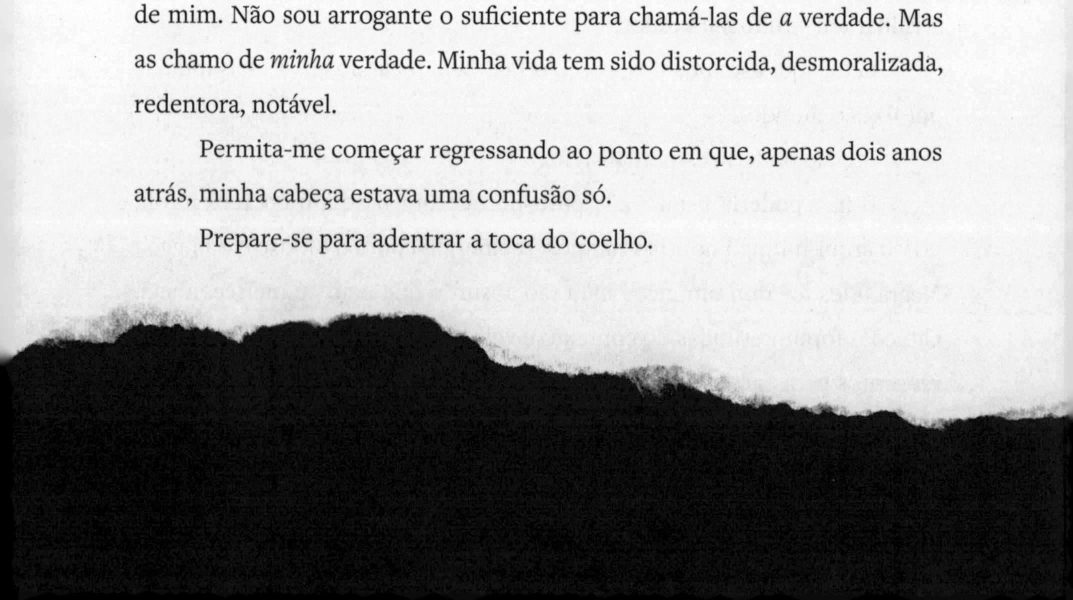

PRELÚDIO

TODA VEZ QUE TENTO REFLETIR SOBRE MINHA VIDA, algo me impede. Várias pessoas ficam fazendo afirmações sobre ela. Velhos amigos me dizem que novos amigos não são amigos de verdade. Todos tentam me convencer de que não dou conta de sobreviver sem eles.

E então há os chamados *coaches* de sobriedade com seus próprios métodos e sua própria loucura. Ajudam, magoam, acolhem-me em suas instituições... e, bem, em sua loucura.

Sejam bem-vindos à minha vida.

Há dois anos, ela estava restrita a uma clínica de transição, o que significa que atravessei as portas por vontade própria. Em poucas horas, vi o jogo do livre-arbítrio coletivo ser pisoteado, ridicularizado e rebatido como uma bola de pingue-pongue.

Uma das outras pacientes era uma jovem roqueira que tinha acabado de completar 21 anos. Ela tinha depressão. Nós nos conhecemos no *lounge* e conversamos noite adentro, fumando cigarros, trocando palavras de consolo.

– Eu sou bonita? – perguntou ela.

– Você é linda – respondi.

– As pessoas dizem que cheiro mal porque não tomo banho.

– As pessoas têm mais é que ir se foder – eu disse a ela. – Quando a gente está deprimido, não dá exatamente vontade de tomar banho.

Ela me contou uma história de tristeza e confusão. Eu ouvi. Quando terminou, demos um abraço de boa-noite. Ela me deu um beijo carinhoso. E queria mais.

– Não podemos fazer isso – eu disse. – Não é certo. Não aqui, não agora.

No dia seguinte, fui abordado por uma das conselheiras que eu considerava uma faladora de merda de marca maior.

– Estão dizendo por aí que vocês dois tiveram uma relação íntima.

– O que é "relação íntima"? – perguntei.

– Sexo.

– Não!

– Ela nitidamente tem uma queda por você.

– Certo. E daí?

– Ouvi dizer que vocês transaram na Jacuzzi.

– Não teve nada de Jacuzzi – falei. – Nada de sexo. Aliás, quem transa numa Jacuzzi?

– Quero saber o que houve – insistiu ela.

– Estávamos flertando. Mas era inapropriado. Daí paramos.

A jovem foi confrontada na nossa sessão de grupo seguinte. Dezesseis horas depois, ela se cortou na perna, um corte profundo. Ela era dessas que se cortavam. Tiraram-na do casarão e puseram-na na ala psiquiátrica.

O que eu podia fazer em relação a isso?

Escrevi um poema, "The Little Villa and Painted Egg".[1]

1 "O pequeno casarão e o ovo de mentira." [Todas as notas desta edição são do tradutor.]

Minds squall, alcohol, heroin
The man, the boy, the girl
The little villa where you live
You need to fill that pain inside
Xanex, Valium, barbiturates – they ease the easy side
Of all you fucked-up managerial types
You love to rule by what you say
Not by what you find
Beautiful garden, Easter eggs, those that you never really had
You stole our experiences and stole our baskets
That's how you found twenty-one out of fifty-seven[2]

ISSO FOI NO MÊS PASSADO. Esta semana estou em casa lidando com aqueles que "gerenciam" minha vida profissional; aqueles que, em seu próprio benefício, coordenam meus passos. São meus parceiros, assistentes e *coaches* de sobriedade (a quem chamamos de "guarda-costas"). Não há paz, nem por uma hora, nem por 30 segundos. Alguém sempre aparece com sugestões calculadas e instruções implícitas. Sei lá, mas acho que me saí muito bem por conta própria, mesmo durante minhas duradouras desventuras narcóticas, tudo isso sem a bolha de proteção de funcionários, parceiros e assistentes – digo, guarda-costas – paranoicos.

2 "Mentes clamam, álcool, heroína/ O homem, o menino, a menina/ O pequeno casarão onde você mora/ Você precisa preencher essa dor interna/ Xanax, Valium, barbitúricos – eles amenizam o lado ameno/ De todos vocês, tipinhos empresariais de merda/ Você ama comandar pelo que diz/ Não por aquilo em que acredita/ Belo jardim, ovos de Páscoa, aqueles que nunca foram seus de verdade/ Você roubou nossas experiências e roubou nossas cestas/ Foi assim que encontrou vinte e um dos cinquenta e sete."

Por enquanto, os fatos são estes:

Oito anos e meio se passaram desde o último pico e quase três desde o último teco.

Ainda bebo. O típico bebum regular; sou como qualquer outro bêbado ou sujeito que enche a cara sozinho até cair. Minha relação com o álcool não é romântica como eu imaginava ser meu caso de amor com as drogas. Luto para parar de beber, mas não vejo isso como suicida. De qualquer forma, hoje não estou bebendo. Hoje estou convidando você para adentrar minha vida e minha cabeça. Meu coração anda um pouco fechado porque estou começando a sacar que são poucas as pessoas em quem confio plenamente, se é que elas existem. Essa é uma afirmação e tanto de se fazer e me leva ao que pode ser o propósito deste livro.

Como cheguei a este ponto? Uma palavra pode bastar – *perda*.

Estou buscando explicações.

Recentemente, me deram uma camiseta com a frase "ESTOU EM UMAS SETE BANDAS".

Há uma história do Stone Temple Pilots a ser contada. Há uma história do Velvet Revolver a ser contada. Há uma história de amor a ser contada. E uma história sobre drogas a ser contada.

ENTRE MEUS GRANDES AMORES está uma categoria de substâncias chamada heroína. Alcaloides narcóticos. Derivados do ópio. Descrevo essas coisas afetuosamente. Faço-o correndo o risco de estar sendo altamente irresponsável. Não é minha intenção desencaminhar quem quer viver uma vida correta. Deus sabe que essa merda vai acabar contigo, por dentro e por fora, da alma até os ossos. Ao mesmo tempo, estou empenhado numa avaliação honesta dos destroços do meu passado. Eu amava opiáceos; odiava opiáceos;

sinto atração por opiáceos talvez da mesma forma que John Keats sentia atração pela morte. Cento e noventa anos atrás, o poeta romântico escreveu "Ode a um rouxinol":

Me enamorei, de meio-amor, da Morte calma,
Pedi-lhe docemente em meditado verso
Que dissolvesse no ar meu corpo e minha alma.
Agora, mais que nunca, é válido morrer,
Cessar, à meia-noite, sem nenhum ruído,
Enquanto exalas pelo ar tua alma plena
No êxtase do ser![3]

A MORTE É A MUSA? O rock'n'roll é o rouxinol? Os opiáceos são a chave para abrir o reino mágico onde as flores coloridas escurecem? Como alguém – sobretudo um jovem ou um homem ou uma mulher que suspeita ter algum talento – se sente atraído por tal reino?

Não faço ideia. Mas sei que a atração é visceral. Pode ser também um ato de autoaversão ou raiva contra o lar ou a sociedade ou até mesmo contra a condição humana, em que a promessa de morte nos obscurece desde os primeiros momentos do nascimento.

Penso na jovem dominada pela compulsão de se cortar. A compulsão é bizarra e devastadora, mas talvez não seja tão bizarra no fim das contas – talvez seja simplesmente a compulsão mais honesta de todas, porque chega ao cerne da questão. Meus longos dias atordoados com opiáceos e as noites

3 John Keats, "Ode a um rouxinol", trad. Augusto de Campos. In: Augusto de Campos, *Línguaviagem*. São Paulo: Companhia das Letras, 1987, pp. 142-149.

sem dormir equivaliam a me cortar emocionalmente. Quando chapava, a última coisa que eu queria era festejar ou interagir com outros seres humanos. Eu fugia para os recônditos escuros do meu quarto e da minha vida. Ficava sozinho e desaparecia em buracos sombrios onde ninguém poderia me encontrar. Eu não poderia me encontrar. Eu não queria me encontrar. Eu me tornava invisível. Ou, como digo na música "Dead and Bloated", "I am smelling like the rose that someone gave me on my birthday deathbed".[4]

4 "Estou cheirando como a rosa que alguém pôs no leito de morte do meu aniversário."

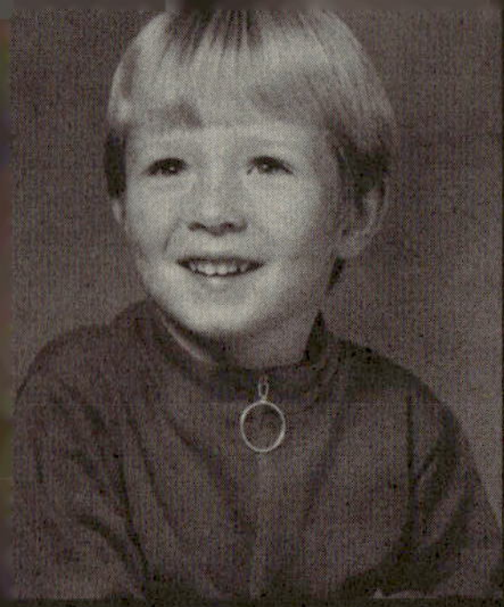

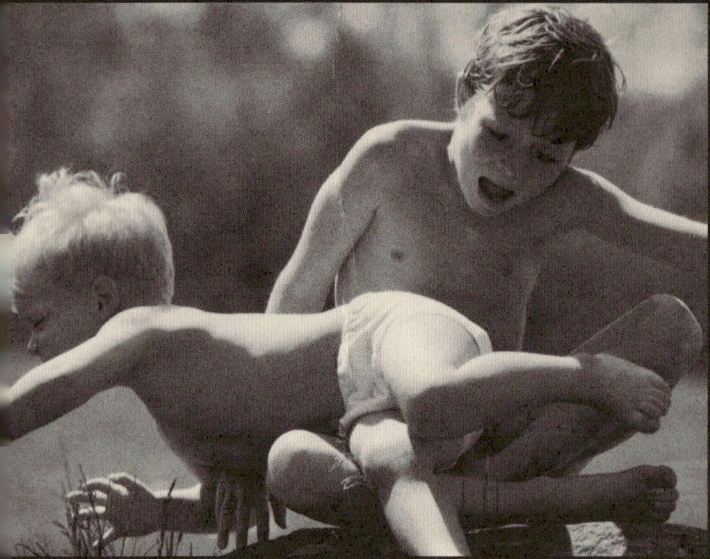

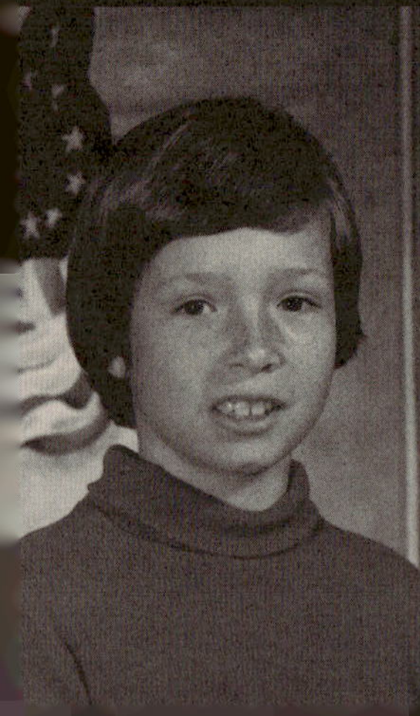

Papai Kent e eu aos 5 anos

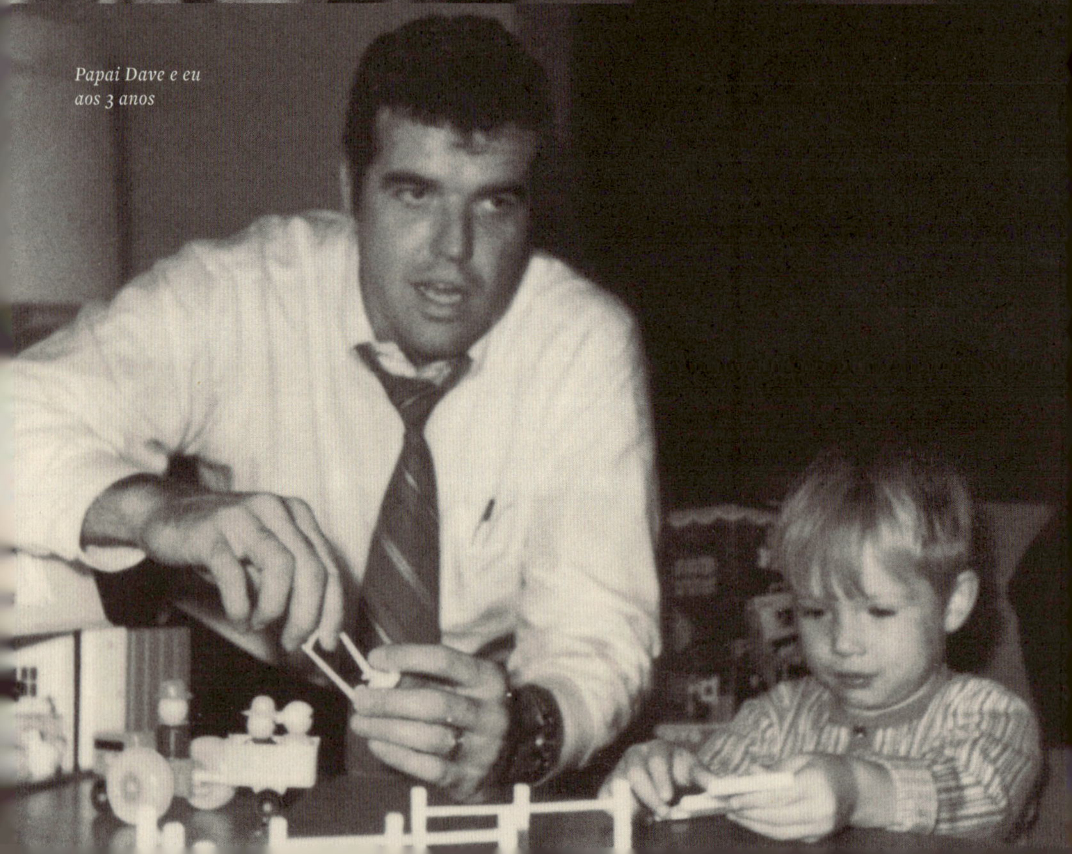

Papai Dave e eu aos 3 anos

Um
CONTO
de
DOIS
PAIS

Por que o mundo é tão diferente agora? Eu costumava pegar minha vara de pescar e ir para o lago sozinho. Agora, o mundo é um compromisso atrás do outro.

Quando eu era criança, recorria a minha imaginação – eu podia andar no bosque e estar em Camelot, ou em Nárnia, ou onde quer que minha mente quisesse. Eu tinha uma imaginação fértil, e ainda tenho. Hoje, porém, como competir com um computador que, ao toque de um botão, dá todas as respostas a todas as perguntas?

Em tempos tecnologicamente mais inocentes, nasci Scott Kline em Santa Cruz, Califórnia, em 27 de outubro de 1967, filho de Sharon e Kent Kline, que se divorciaram quando eu tinha 2 anos. Então mamãe casou-se com Dave Weiland e eu me tornei Scott Weiland. Perdi meu sobrenome. Perdi meu pai. Ganhei outro pai. Mais tarde, eu ficaria super-ressentido com meu pai biológico, Kent, por não ter insistido que eu mantivesse o sobrenome dele. Me senti abandonado. *Abriu mão do seu sobrenome, abriu mão do seu filho*. Enquanto isso, Kent era, pra mim, um cara legal que dirigia um caminhão da Pepsi para se sustentar, mas fumava maconha à noite e ouvia The Doors e Merle Haggard. Quando penso no meu pai e em Martha, a artista com quem ele se casou depois da mamãe, ouço *Rumours*, do Fleetwood

Mac. Kent era o pai com quem eu queria estar. Aos 42 anos, ainda estou tentando me relacionar com ele.

Meu novo pai era um cara legal cujo nome do meio era disciplina. Engenheiro aeronáutico da TRW Space and Electronics, estava sempre trabalhando em projetos que exigiam alta qualificação. Pouco depois de se casar com minha mãe, ele nos levou para viver em Chagrin Falls, um subúrbio arborizado nos arredores de Cleveland, Ohio.

Esse nome me intriga – Chagrin Falls. *Chagrin* significa angústia, dor, ansiedade, tristeza, aflição, sofrimento mental. Normalmente, subúrbios tranquilos têm nomes como Pleasant Valley [Vale agradável] ou Paradise Falls [Cataratas do paraíso]. Chagrin Falls não faz sentido. De certa forma, minha infância fazia sentido; de outras formas, não.

Minha infância foi campos verdes e picadas de abelhas, aprender a jogar beisebol e futebol americano, morar em uma bela casa, à espera – sempre à espera – do início do verão para que eu pudesse ir para a Califórnia ver meu pai Kent.

Eu já era adolescente quando passei a ter um sonho recorrente. A forma mudava um pouco, mas a estrutura básica era a mesma:

Cartazes espalhados por toda a cidade – em outdoors e ônibus, em anúncios de jornais e comerciais de TV chamativos. Está em todas as rádios e na internet. É esta noite, é agora, é um momento esperado pelo mundo inteiro.

É a grande Batalha das Bandas.

À meia-noite de hoje em um enorme estádio ao ar livre. A hora das bruxas. A noite escura da alma. A hora da verdade.

Faltam três anos para eu nascer.

Ou talvez seja o ano do meu nascimento, ou a hora do meu nascimento.

Ou talvez eu tenha 3 anos. Ou 5. Ou 10.

29
UM CONTO DE DOIS PAIS

Seja qual for a minha idade, estou lá. Estou envolvido. Estou empenhado. Estou fascinado pela batalha. Minha vida está em jogo. Meu pulso está acelerado, meu coração bate com força no peito. A euforia me enlouquece por antecipação.

Duas bandas. Dois palcos.

Os Rolling Stones versus o Kingston Trio.

Sobre os Stones tremula uma bandeira pirata. Sobre o Kingston Trio, a bandeira americana.

Caos versus Ordem.

Niilismo versus Responsabilidade.

Os malandros versus os certinhos

A multidão lota as arquibancadas.

Metade são rapazes do grêmio estudantil e universitárias, ternos e vestidos, blazers e mocassins. A outra metade são esquisitões, punks, drogados, motociclistas, rebeldes.

Estou sentado na arquibancada ao lado da minha mãe.

Meu pai está apresentando os Stones. Ele e Keith estão vestidos de forma idêntica, com calças boca de sino psicodélicas. Ele e Mick estão partilhando um baseado. Ele chama os Stones de "a maior banda de rock'n'roll do mundo".

Meu padrasto apresenta o Kingston Trio. Estão todos trajando camisas oxford azuis com botões e calças cáqui sob medida. Meu padrasto diz: "Isto, sim, é música de verdade. É harmônica. É bela".

Meu pai grita para ele: "Isto são trevas! Esta merda é pra valer!".

– Vá até lá – sussurra minha mãe no meu ouvido. – Vá até lá e dê uma força.

Eu corro em direção ao campo. Olho para cima e vejo 100 mil pessoas aos berros. As bandas começaram a tocar simultaneamente. O riff de "Satisfaction". O riff de "Tom Dooley". Corro ao encontro do meu pai, Kent, mas ele desapareceu no meio da multidão. Mick e Keith não me reconhecem. Os seguranças estão atrás de mim. Estou atrás do meu pai, mas não consigo encontrá-lo. Corro para cima e para baixo, de um canto a outro do estádio, mas não consigo encontrá-lo, não consigo, chorando histericamente, não consigo encontrar meu pai...

PAIS E FILHOS, FILHOS E IRMÃOS.

Meu irmão Michael, filho do meu padrasto e da minha mãe, nasceu quando eu tinha 4 anos e meio. No dia em que minha mãe teve alta do hospital, lembro-me de um sol forte iluminando nossa casa. Quando vi meu irmãozinho, fiquei maravilhado. Ele estava dormindo profundamente; parecia indefeso, adorável, mais um boneco do que um ser humano. Sempre que ele apertava meu dedo com a mãozinha, eu me sentia inundado de amor. Eu só voltaria a sentir amor puro desse jeito quando meus filhos nasceram. Pela primeira vez na vida, em vez de me preocupar em ser protegido, eu tinha alguém para proteger.

Eu e Michael

A história de Scott e Michael gira em torno de dois irmãos que foram presenteados por Deus com um dom para a música. Eu fui o que buscou o sucesso; ele, o que teve medo. Nós dois caímos na bebida e nas drogas. Quando fui pego com uma cerveja, meu padrasto fez a cólera dos deuses se abater sobre mim. Quando Michael foi pego com maconha, ele disse "É a erva de Deus", e papai Dave meio que deu de ombros. Talvez a cólera tenha me feito bem. Talvez a tolerância tenha lhe feito mal. Mais tarde, dei a Michael sua primeira cerveja, seu primeiro pico, sua primeira tragada no crack. Sinto me culpado por isso? Sim e não. Eu gostaria de não ter feito as honras, mas, conhecendo Michael, ele teria feito isso tudo de qualquer maneira – apenas como válvula de escape. Ele estava sempre muito à frente da curva.

Acampamento estilo hippie, um pouco de maconha e o Pé Grande: eu aos 6 anos, meu primo Chris e Craig, 1973

Neve cintilando na rua: a casa onde cresci em Cleveland

Um CONTO *de* DOIS ESTADOS

DOIS ESTADOS DE ESPÍRITO: Ohio e Califórnia. Ohio é frio e careta; a Califórnia é fresca e descolada. Pelo menos na mente de uma criança.

A EMBRIAGUEZ DE CERVEJA É LEVE, mas é intrigante se você está procurando qualquer tipo de embriaguez. No sexto ano, morando em Cleveland, eu vivia para o verão. O verão significava a Califórnia e meu pai, Kent, e sua esposa, Martha. O verão significava vê-los cultivar a própria maconha em vasos no quintal e dar festas ao som de discos de Emmylou Harris e dos Stones com margaritas e shots de tequila Cuervo Gold. O verão significava amigos como Billy, um cara legal que já tinha cabelos compridos, usava calças Levi's e tênis Vans. Billy foi o primeiro cara que conheci que tocava guitarra. Ele aprendeu a tocar Zeppelin sozinho e me ensinou a ficar bêbado com cerveja. Billy, meu irmão postiço Craig e Jonathan, filho da melhor amiga de Martha, malocavam cervejas da geladeira do meu pai. Enquanto os adultos se embriagavam, nós bebíamos uma cerveja, depois

DISCOS DOS STONES, MARGARITAS E SHOTS DE CUERVO GOLD

outra, e outra, e saíamos para o quintal, com o segredo dentro da nossa cabeça. Eu curtia a sensação de entrar num campo energético alternativo. Curtia o rearranjo psicológico e químico induzido pelo álcool.

Outras vezes saqueávamos os armários de bebidas do papai, e aí Billy, Craig, Jonathan e eu passávamos mal, ou então desafiávamos os limites e fumávamos maconha, que batia em mim feito ácido. Eu viajava na luz do sol que penetrava através de uma cerca de treliça. O padrão da sombra se tornava uma revelação tridimensional, um labirinto contendo o próprio mistério da vida, uma chave que ligava todos os sentimentos a todas as formas.

Quando voltei a Cleveland para o sétimo ano, o sol da Califórnia foi substituído pela neve de Ohio. Meus amigos de Ohio não eram tão legais como Billy. Minhas atividades extracurriculares em Ohio eram os esportes. Futebol americano. Luta livre e pesca. Acordava às 6h da manhã, antes de o sol nascer, para nadar, e voltava para mais natação depois da escola.

Um dia, depois da aula, fui até a casa do meu amigo Mark. Os pais dele, que trabalhavam até tarde, tinham um armário de bebidas incrível. Enchi um copo com gelo, Black Velvet, gim e vodca, levei-o para o bosque, sentei-me contra uma árvore e o bebi. O momento foi importante justamente porque foi um momento solitário. Fiquei bêbado sozinho. O isolamento mexeu comigo – afastou-me da vida e da realidade – como um experimento estranhamente maravilhoso.

O inverno durou muito. Eu ficava de olho no calendário, observando os meses passarem lentamente, até que o outono deu lugar ao inverno, o inverno à primavera e a primavera ao verão na Califórnia, onde aprendi a surfar. Eu não era fera, mas dava pro gasto. Enquanto surfava, sentia-me livre do tempo, suspenso no espaço, cabeça vazia e vivo.

TER DOIS PAIS E NENHUM PAI ERA CONFUSO. Eu queria meu pai biológico, mas ele parecia me querer apenas nos verões. Ele ouvia Hank Williams, enquanto meu padrasto me mandava fazer o dever de casa. Nesse ínterim, os professores disseram a Dave que eu era inteligente, mas hiperativo. Fui diagnosticado com transtorno de déficit de atenção. Os psicólogos sugeriram que eu tomasse Ritalina. Minha mãe não acatou. Mas deixava que eu visitasse o seu ex-marido no final do ano letivo. Então, eu ia para a Califórnia visitar meu pai, Martha e o filho dela, Craig, que tinha a minha idade. Craig era um garoto legal e um dos meus amigos mais próximos, mas era impossível não ter um pouco de inveja dele. Ele tinha a atenção do meu pai o tempo todo. Craig se tornou meu substituto. Então, dois anos depois, Craig morreu.

Eu abraçando Craig

LEMBRO-ME DE ESTAR SENTADO NA AULA DE escrita criativa do sr. Burke. Ele era meu professor favorito. O ano letivo se aproximava do fim. Eu ainda estava em choque. Ainda estava esperando a ficha cair. O professor Burke sabia o que tinha acontecido na Califórnia. Ele sugeriu que eu escrevesse sobre o ocorrido. Disse que escrever ajudaria. Lembrei-me então – e ainda me lembro – de cada momento, de cada conversa que tive com o Craig. Nossos encontros haviam ficado marcados na minha psique.

Escrevi isto:

"O dia de ontem foi chuvoso. O céu estava chorando chuva. Eu estava parado na entrada da garagem quando ouvi a voz da minha mãe. Ela disse: 'Depressa, Scott, telefone pra você'. Corri para dentro da casa. Meu coração batia loucamente. Eu sabia que havia algo errado. A voz do meu pai soava diferente. Sua voz estava chorando de dor."

Depois disso, escrevi mais dez páginas, palavras brutas fluindo no papel como um sonho ruim e sombrio.

Entreguei o trabalho e o professor entendeu. Era tudo o que eu podia escrever. Eu tinha memorizado as palavras do meu pai, mas fui incapaz de repeti-las: "Craig estava andando de bicicleta. Você sabe que ele pedala melhor do que ninguém. Ele não viu o carro se aproximando. Atingiu-o em cheio. Ele está com um edema no cérebro. Tem um buraco no cérebro dele. Vão operá-lo hoje à noite". Fui incapaz de repetir o que meu pai disse quando ligou na manhã seguinte: "Craig não resistiu". Fui incapaz de descrever as minhas lembranças de quando meu pai levava eu e Craig para pedalar, semana após semana, mês após mês, ano após ano.

Fui incapaz de dizer o que quer que fosse quando visitei meu pai naquele verão. Ele estava completamente distante e afastado de mim. Fui incapaz de contar a ele – a qualquer um – sobre os sentimentos que me oprimiam. Estava com raiva, me sentindo culpado, triste, ressentido, ansioso para ter meu pai de volta. Eu estava confuso da cabeça aos pés.

PAIS E FILHOS, FILHOS E IRMÃOS.

Craig era meu irmão e, apesar de não ser filho biológico do meu pai, sei que, quando morreu, parte do meu pai morreu com ele. É uma parte do meu pai que nunca consegui alcançar. Muito mais tarde, quando meu irmão Michael morreu, parte de mim sumiu e nunca mais voltou. Amar dói.

Saltando para as estrelas

"TRIPPIN'

as I'M

THINKIN'"

– de "*Crackerman*"

NINGUÉM TRANSFORMA VOCÊ EM UM ALCOÓLATRA ou em um dependente químico. O jogo de empurra é inútil e prejudicial. Não acredito em apontar culpados. Fazemos o que fazemos e somos responsáveis por nossas próprias ações. Não creio que sejamos vítimas das circunstâncias. Há, no entanto, histórias a serem contadas. E elas não começam conosco, mas sim com nossos pais e com os pais de nossos pais. A história é mais antiga do que sabemos ou podemos imaginar. Nossas histórias estão interligadas porque partilhamos este espaço no planeta. Influenciamo-nos uns aos outros, queiramos ou não.

Amo minha mãe. Sem dúvida, ela tem sido minha maior fã – verdadeira, amorosa e leal. É uma mulher independente que sempre exerceu cargos bem remunerados. É inteligente, compreensiva e gentil. E também uma alcoólatra assumida.

Quando eu era pré-adolescente e ainda vivia em Cleveland, meu padrasto nos levou a um jogo de basquete dos Cavaliers. Ficamos no camarote privado da TRW, empresa onde ele trabalhava, que tinha bancos de couro e um bar totalmente abastecido. Depois que o jogo acabou, Dave pegou a bolsa da minha mãe para procurar algo. Ele encontrou uma garrafa de vodca que ela havia roubado do bar. Foi quando mamãe admitiu.

Ela tinha chegado ao fundo do poço – ou fundo o suficiente para sentir remorso e reagir de maneira honesta. Reconheceu o seu problema. Diante de Dave, de mim e de Michael, ela começou a chorar. Disse que era uma fracassada. Gritamos mais alto:

– Mãe, você não é uma fracassada. Nós amamos você.

Na época, eu não sabia o que significava alcoolismo. Tudo o que eu sabia era que minha mãe se dizia uma mãe horrível, e isso não era verdade. Eu sabia que ela gostava muito de nós. Ela então entrou em um Programa de 12 Passos, que seguia de forma aplicada. Ficou cerca de 25 anos sem beber, e só voltou depois que soube que seus dois filhos eram usuários de heroína. Ela teve uma recaída, como eu, visto que venho de uma longa linhagem de reincidentes. Meu tio – irmão da minha mãe – era alcoólatra e viciado em cocaína. Meus avós maternos eram alcoólatras inveterados. A bebida corre solta na minha família.

JERRY JEFF WALKER CANTAVA UMA CANÇÃO chamada "Jaded Lover". Eu a ouvi pela primeira vez num daqueles verões que passei com meu pai biológico, Kent. Papai cantava igual ao Jerry Jeff; também conseguia imitar George Strait. Sua voz era ressonante, profunda e repleta de calidez. De certa forma, quando ouvi a letra de "Jaded Lover" – "Well, it won't be but a week or two... you'll be out loving someone new"[1] – pensei na relação conturbada entre mim e meu pai.

Eu me sentia como o amante esvaído, o filho que ele havia deixado de lado, o filho que ele nunca poderia acolher, o filho que queria o pai mais do que o pai o queria.

1 "Bem, só vai levar uma ou duas semanas... até você estar apaixonado por um novo alguém."

MINHAS PRIMEIRAS EXPERIÊNCIAS SEXUAIS não foram muito agradáveis. Quando eu tinha 12 anos e ainda vivia em Ohio, algumas meninas me chamaram para brincar de "verdade ou desafio". Fomos a um celeiro com um monte de feno, o cenário perfeito. Aos poucos, nós íamos nos desafiando a tirar a roupa. O licor que bebíamos de uma garrafa de vidro nos encorajava. A brincadeira estava indo bem quando, de repente, um brutamontes do ensino médio apareceu e decidiu comer uma das garotas na frente de todos nós. A menina estava empolgada, mas a festa azedou. Nenhum de nós queria estar lá.

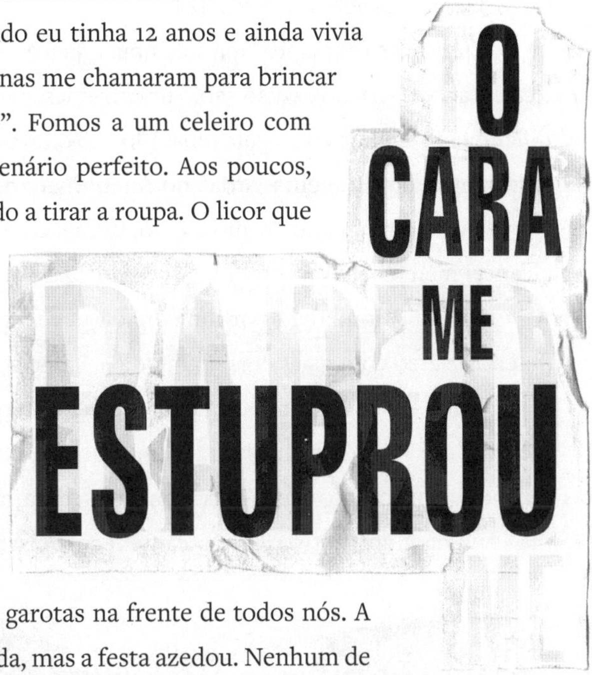

Acontece que esse mesmo cara pegava o ônibus comigo para a escola todos os dias. Uma vez, ele me convidou para ir à casa dele. Esta é uma memória que ficou apagada até poucos anos atrás, quando, na reabilitação, voltou à tona. A terapia provoca isso.

O cara me estuprou.

Foi rápido e nada agradável. Tive muito medo de contar a alguém.

– Se abrir o bico – advertiu ele –, você nunca terá outro amigo nesta escola. Eu acabo com a sua reputação de merda.

O que fazer diante desse medo? Dessa dor? Como é que as memórias se apagam e onde é que elas se escondem?

INOCÊNCIA VERSUS CORRUPÇÃO.

Esperança versus desespero.

Eu tinha a esperança típica de uma criança com uma capacidade atlética nata. No beisebol, eu só sabia um arremesso – uma bola rápida –, mas dificilmente alguém conseguia rebatê-lo. No oitavo ano, eu já sabia fazer um lançamento de cinquenta jardas no futebol americano. No verão anterior ao meu primeiro ano do ensino médio, treinei com a equipe todos os dias e alcancei meu objetivo: fui escolhido como quarterback titular.

Eu era assombrado por um sonho que, décadas depois, ainda se repete: converso com os atletas no huddle, chamo a jogada, pego o snap, me afasto para o passe, examino o campo e vejo, a trinta jardas de distância, meu wide receiver dois passos à frente de seu defensor. Ergo o braço e, quando estou pronto para lançar um foguete, a bola escorrega da minha mão sem nenhum motivo. Um atacante recupera a bola e perdemos o game.

O que todos queriam para mim

Apesar de alguns medos óbvios, eu era um bom atleta. Eu tinha uma certa visão saudável da vida. Confira os pôsteres no meu quarto: o famoso ensaio de Farrah Fawcett de maiô, fotos de pugilistas fodões como Marvelous Marvin Hagler, Sugar Ray Leonard e Thomas "Hitman" Hearns. Eu era o típico garoto americano de Ohio com um sonho distante de jogar pela Universidade Notre Dame, assim como papai Dave tinha jogado.

Eu queria o prestígio e a atenção decorrentes do fato de ser quarterback – sem contar a emoção que é ser o general de campo. Eu adorava competir.

Quando se tratava de música, eu era meio Califórnia, meio Ohio, tanto descolado quanto careta. Meus primeiros LPs foram *Greatest Hits*, do Captain & Tennille, e *Captain Fantastic and the Brown Dirt Cowboy*, do Elton John. Não tinha nenhuma vergonha de adorar a versão de Tennille de "Love Will Keep Us Together", uma das melhores canções de Neil Sedaka. Em Ohio, minha mãe desenvolveu um amor pela música de John Denver, o que, de acordo com a nova esposa de seu ex-marido, Martha, era um sinal de caretice. Como um bom integrante do ambiente quadrado de Cleveland, entrei para o coral da escola. No banco de trás do Cadillac dos meus pais, ouvia *Pedro e o lobo*, de Serguei Prokofiev, visualizando os animais representados por clarinete, oboé, trompas e fagote.

Comecei a frequentar a igreja.

Passeava por Chagrin Falls Park. As pessoas que moravam ali, quase todas negras, chamavam a região de "O parque". Eu gostava daquela vizinhança e, a bem da verdade, no sexto ano tive uma queda por uma linda garota negra.

Na pré-adolescência, desenvolvi um amor profundo e permanente por Deus, inspirado pelo ministério dos padres Plato e Trevisin. Dave nos meteu no catolicismo. Minha mãe era episcopal, mas sentia-se reconfortada pela visão progressista de Cristo oferecida por esses dois gentis sacerdotes.

Não era sobre fogo e enxofre, culpa ou castigo. Era sobre um amor paciente e misericordioso que não julga, despreza nem repreende. "Be not afraid. I go before you always. Come follow me and I will give you rest."[2] Eu me identifiquei com a noção de um amor misterioso, que tudo aceita, que tudo perdoa. Eu queria isso.

Virei coroinha. Usava aquelas vestes. Durante a missa, levava o vinho e a hóstia aos sacerdotes. Acendia as velas. Hoje, não importa onde esteja – ônibus de turnê, quarto de hotel, estúdio, cabana na floresta –, eu acendo velas. Elas me acalmam, me centram, me lembram de uma época em que Deus estava firmado no meu coração. Não que Ele tenha desaparecido. As velas o trazem de volta. Tenho de acendê-las todos os dias e todas as noites.

EU BRILHAVA INTENSAMENTE EM CLEVELAND. No primeiro ano, faltavam apenas algumas semanas para meu primeiro jogo como quarterback. Mal podia esperar. Sentia o cheiro do triunfo; ansiava pela glória. E então, sem mais nem menos, Dave fez o anúncio: eu não jogaria a partida; eu nem sequer estudaria naquela escola. Deixaria meu melhor amigo, Rich Remias, que vinha em casa praticamente toda noite para jogar Dungeons & Dragons. Como eu, Rich era filho de pais separados; ele me entendia. Doeu deixar o Rich, mas não havia nada que eu pudesse fazer. Estávamos de mudança, e íamos partir imediatamente. Estávamos indo para a Califórnia. Eu não sabia o que pensar. Não sabia o que sentir. Eu tinha 14 anos.

2 "Não temas. Eu vou sempre contigo. Vinde a mim e eu vos aliviarei."

Foto do último ano de escola. Ahh, um garoto tão simpático. Pena que em três anos eu me tornaria um drogado.

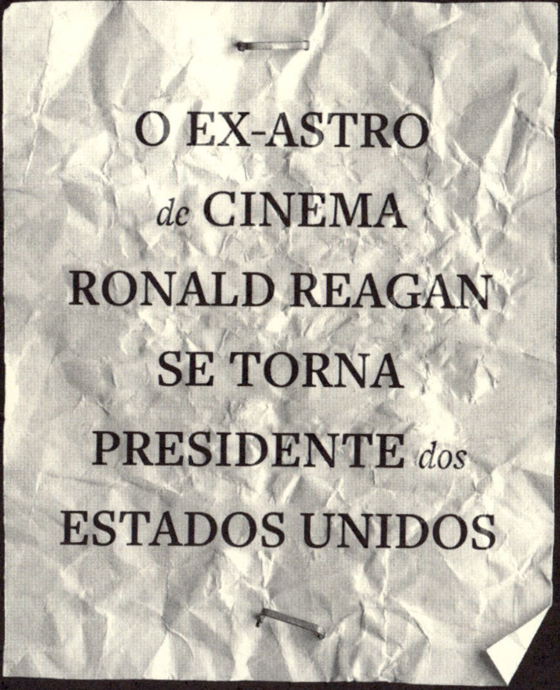
O EX-ASTRO
de CINEMA
RONALD REAGAN
SE TORNA
PRESIDENTE dos
ESTADOS UNIDOS

1982. HUNTINGTON BEACH, CIDADE DO SURFE.

Orange County, bastião do republicanismo reacionário, mas também reduto da contracultura punk rock.

Nossa casa ficava a três quarteirões da praia e em frente à escola Edison High, palco da minha nova vida.

A primeira coisa que fiz foi entregar um bilhete ao treinador de futebol americano. Era uma recomendação do meu antigo treinador dizendo que eu era um quarterback titular. O novo treinador não ficou lá muito impressionado. Eu tinha 1,80 metro e pesava 70 quilos. A equipe da Edison ganhara vários campeonatos. Eu teria de esperar.

No segundo ano, eu era um dos quarterbacks rotativos. Também jogava na defesa. Indo para uma interceptação, fui atingido por trás e tirado de circulação por algumas semanas. Aproveitei esse tempo para pensar nas minhas opções. Eu poderia continuar jogando, mas sem muita chance de começar como quarterback, porque – eu achava – meus pais não doavam dinheiro para o clube de patrocinadores, ou poderia tentar outra coisa. O rock'n'roll, como o canto da sereia, estava me chamando.

Conheci Cory Hickok na equipe de futebol. Ele jogava como tight end, mas, mais importante, tocava guitarra no Awkward Positions, grupo punk de seu irmão mais velho. Cory me viciou em punk. Em Ohio, eu já ouvia o Devo. Tinha escutado Sex Pistols, cujo *Never Mind the Bollocks* foi o *Exile on Main St.* da nossa geração. Mas Cory me mostrou o Clash. Me mostrou o Sweet. Me apresentou ao Echo and the Bunnymen. Não sei dizer quantas vezes ouvimos *Sheer Heart Attack*, do Queen, um híbrido *cool* de power pop e punk. Cory tinha um ótimo ouvido e muito bom gosto.

55
O EX-ASTRO DE CINEMA RONALD REAGAN SE TORNA PRESIDENTE DOS ESTADOS UNIDOS

Ele tinha mais de 1,80 metro de pura esqualidez. Tranquilo e na dele. Verdadeiramente sincero, era um cara amoroso de uma família cristã. Como meus pais confiavam nos pais dele, eu falava que ia dormir na casa do Cory sempre que saía para uma festa. Cory também era um bom artista. Eu admirava seus desenhos e sua visão artística da vida. Fiz outros amigos descolados no time de futebol, como Rich Smith, que me ajudou a melhorar minhas habilidades no surfe e nas cantadas. Ele foi o primeiro cara que ouvi se referir às meninas como "gatas" e "gostosas".

BANDAS DE GARAGEM HARDCORE PÓS-PUNK

NA ESCOLA, EU FAZIA PARTE DO CORAL E DAS EQUIPES ESPORTIVAS – luta livre, vôlei, futebol, futebol americano. Meu padrasto, que trabalhava com afinco até altas horas, nunca foi assistir a nenhum de meus jogos. Enquanto isso, fui atraído por uma florescente cena musical alternativa. Moldadas pelo som do Social Distortion, bandas de garagem hardcore pós-punk surgiam em todos os lugares. Mas o que eu ouvia nos clubes locais não me empolgava muito. Achei que podia fazer melhor. Então formei uma banda pós-punk.

ON THE COVER

The band Soi Disant, based out of Huntington Beach, CA, has been gigging in and around the Los Angeles area for about two years. Composed of lead vocalist Scott Weiland, bassist Scott Tubbs, guitarist Corey Hickok, keyboardist Britton Willits and drummer Lonnie Tubbs, the french band name means "self style." And the group feels its music is very much that way.

The strictly originals band is currently receiving major label attention and will be showcasing for Triad Artists Management at the end of July. Says vocalist Weiland, "A lot of bands are writing about social problems, we write more on a personal level."

O QUE DIABOS SIGNIFICA "SOI-DISANT"?

(Nós realmente nunca soubemos. Foda-se a arte, vamos peidar.)

TODA BANDA TEM UMA HISTÓRIA. Os Stones permaneceram juntos. Os Beatles se separaram. Quando Jim Morrison morreu, o The Doors nunca mais foi o mesmo. O Nirvana morreu junto com Kurt Cobain.

Acredito que a maioria das bandas nasce numa época de otimismo juvenil e de energia renovada. A motivação é forte e o futuro, ilimitado. Por que não pensar grande? Por que não viver mais na esperança do que no medo?

Eu não estava com medo quando começamos uma banda na Edison High chamada Soi-Disant. A pergunta que ouvíamos o tempo todo era: “O que diabos isso significa?”. Respondíamos que, em francês, era algo como “estilo próprio” ou “autoestilo”. Um nome francês artístico e pomposo se encaixava perfeitamente em nossa visão de uma banda pós-punk nervosa. Quanto mais obscuro o nome, melhor. Tínhamos nos inspirado no primeiro álbum do Duran Duran e em bandas como Ultravox, The Cure e U2. Combinando essa vibração com uma batida punk rock suja, escrevi letras focadas na rebeldia adolescente. Nenhum de nós era excepcional, mas mandávamos bem. Éramos eu nos vocais; Cory na guitarra; no baixo, primeiro Dave Stokes e depois Scott Tubbs; e Britt Willets nos teclados.

Tudo começou com uma simples conversa entre mim e Cory. Eu cantava no coral.

– Você acha que dá conta de cantar em uma banda de rock? – perguntou Cory.

– Lógico – respondi.

– Não disse cantar com a sua voz de coral. Mas cantar como um vocalista de rock.

– Lógico – repeti.

Tenho uma capacidade camaleônica de cantar em qualquer estilo. Como vocalista, sempre fui autoconfiante. Passei muito tempo ouvindo Bowie e John Lennon, modelos para quem quer usar a voz como um instrumento.

Depois de alguns meses tocando, entramos em estúdio e gravamos uma demo em 16 canais com um título grandioso: *Gofer Baroque*. Ficou boa. Vi que eu podia estabelecer partes distintas de harmonia e construir um vocal em camadas. Eu me senti como um iniciante profissional.

Ao longo dos anos seguintes, eu entraria na cena alternativa de Orange County, onde encontraria grandes estímulos musicais e químicos. Era muito melhor do que as festinhas de cerveja no quintal. Havia um clube famoso chamado The Cuckoo's Nest, no qual tocavam bandas como Social Distortion e The Bell Jar. Foi lá que ouvi o espantoso guitarrista inglês Adam Elesh, que morava em Newport Beach. Lembro-me de ficar chapado vendo-o tocar junto com um disco do Pink Floyd, recriando os solos de David Gilmour nota por nota. Eu nunca tinha visto ninguém usar pedais de efeito tão habilmente.

– Como você ficou tão bom? – perguntei a ele.

– Aprendi tudo o que pude. E então prontamente esqueci tudo o que havia aprendido e comecei do zero.

Em um momento crucial, Adam nos deu uma bela amostra do grande virtuosismo do rock'n'roll. O Soi-Disant tocava regularmente no Déjà-vu, em Newport Beach.

61

O QUE DIABOS SIGNIFICA “SOI-DISANT”?

Banda de rock com nome pretensioso encontra clube com nome pretensioso.

Ganhávamos 200 dólares por noite, além de toda a bebida que pudéssemos consumir. Era o verão antes do meu terceiro ano no ensino médio, uma época de ouro, os anos 1980, a era da experimentação. Nós havíamos deixado de ensaiar na minha garagem para ensaiar no estúdio do Scott Tubbs, nosso baixista. Ele tinha sido meu colega de coral – na verdade, no Madrigal Ensemble –, e todo Natal íamos cantar em Balboa Island com um grupo de “ratos de coral”, que é como chamávamos os cantores mais puritanos. Num mês de dezembro, embebedamos toda a turma com licor de menta e, consequentemente, fomos expulsos do madrigal.

Os dois Scotts eram sinônimo de problema. Um trio de nerds da computação apareceu durante um ensaio. Procurando cair nas graças dos roqueiros descolados, eles nos ofereceram pó. Vamos lá. Um dos garotos esticou uma carreira grossa de uns 15 centímetros. Mandei pra dentro e nunca me senti tão bem.

– Quer outra? – perguntou ele.

– Aham – respondi.

A segunda carreira me mandou de Vênus para Marte. A substância era esquisita e um pouco oleosa. Parecia uma concha de haliote. Acabou que os garotos vendiam e perguntaram se estaríamos interessados em fazer o mesmo. Pensei: *Sim, este é o jeito de cheirar de graça e se sentir bem o tempo todo.* Só tinha um porém: eu estava duro.

– Sem problema – disse o nerd. – Eu te adianto.

Beleza, mas nunca vendi um grama. Cheirei tudo o que havia comigo, exceto uma pequena quantidade que meu padrasto encontrou no meu quarto. Essa amostra, você logo verá, desencadeou uma enorme crise.

PAPAI DAVE TINHA SEU CARGO NA TRW. Minha mãe vendia imóveis em Orange County. Eu estava encontrando meu caminho na sociedade da Edison High, no atletismo, na música e com as meninas. Uma delas, com quem eu mantinha relações sexuais, acabou engravidando.

– Vou fazer um aborto – foi tudo o que ela disse.

Não discuti. Eu acreditava – e continuo acreditando – que uma mulher tem jurisdição sobre o próprio corpo. Mas também fiquei arrasado. Acompanhei-a até a clínica e depois a levei para casa. Nenhum de nós disse uma só palavra. Foi incrivelmente triste. Choramos em silêncio. Nosso relacionamento já era. Qualquer intimidade entre nós deixou de ser possível. A diversão, a brincadeira, o prazer do sexo desapareceram. Uma tragédia tinha acontecido.

O CONTO *da* COSTELETA *de* PORCO

O COMEÇO DO MEU PRIMEIRO GRANDE CASO DE AMOR. Heather. "Caso" é a palavra errada. "Caso" parece vulgar. Heather era celestial. Heather era amor verdadeiro. Era minha alma gêmea, meu futuro. Quando nos conhecemos no ensino médio, tive certeza de que viveríamos felizes para sempre. Havia seus predicados físicos: cabelos castanhos brilhantes e ondulados; um atraente bumbum em forma de coração; lindos e grandes olhos azul-celeste; seios fartos; sorriso amoroso e acolhedor. E havia seus predicados metafísicos: ela exalava bom humor; seu temperamento era tranquilo e doce; sua simpatia, suave como uma brisa de verão. Juntos, conversávamos sobre qualquer coisa. Eu sabia que o amor que estávamos construindo era duradouro. Era totalmente o oposto das paixonites adolescentes; existia em uma dimensão muito mais profunda do que os namoricos rotineiros do ensino médio. Era, em suma, para sempre.

Numa tarde de verão, quando tínhamos 16 anos, estávamos fazendo amor no meu quarto quando, de repente, papai Dave foi entrando que nem louco. Enfurecido, ele começou a gritar. Nos vestimos às pressas. Heather saiu correndo de casa. Ouvi meu padrasto ligando para os pais dela, contando o que havia acontecido. Fiquei indignado. Coito interrompido é uma coisa. Ser dedurado pelo próprio pai é outra.

Uma canção pós-punk chamada "Pork Chop", cantada ao estilo Echo and the Bunnymen, estava tocando dentro da minha cabeça. O refrão dizia: "Pork chop, pork chop, you better eat your pork chop".[1]

No jantar daquela noite, meu padrasto ainda estava furioso.

– Você não vai comer aquela costeleta de porco? – perguntou ele.

– Já comi uma – respondi. – Eram duas. Agora só tem uma.

– Nunca foram duas – insistiu ele. – Você precisa comer esta costeleta de porco.

"PORK CHOP, PORK CHOP, YOU BETTER EAT YOUR

– Já comi.

A música ficou mais alta: "Pork chop, pork chop, you better eat your pork chop".

A voz dele ficou mais alta.

– Coma!

Minha voz ficou mais alta.

1 "Costeleta de porco, costeleta de porco, é melhor você comer sua costeleta de porco."

– Não!

– Você não comeu costeleta de porco nenhuma!

– Comi sim!

“Pork chop, pork chop, you better eat your pork chop.”

– Você deve ter cheirado – disse ele. – Deve estar alucinando.

– Se eu tivesse cheirado, eu não estaria alucinando. O que dá isso é ácido.

PORK CHOP”

Meu padrasto, quase 2 metros de altura e 110 quilos, explodiu. Ele derrubou a mesa e veio atrás de mim com os punhos cerrados.

“Pork chop, pork chop, you better eat your pork chop.”

Ele me perseguiu pela cozinha, mas não conseguiu me pegar. Corri até meu quarto, tranquei a porta, enfiei algumas roupas numa bolsa de ginástica, saí pela janela, pulei no telhado da garagem, saltei para baixo, subi na minha bicicleta e caí fora. Fui à casa de um amigo, onde chapamos e ouvimos discos durante cinco dias seguidos.

Enquanto isso, na minha casa, papai Dave revistou meu quarto e encontrou maconha e um pouco de pó. Sem me avisar, chamaram a polícia. Estava na escola quando soube dessa ligação. Era aula de teoria musical. Nosso professor era o sr. Otey, uma presença imponente de 1,95 metro. Eu já fazia parte do coral e da banda, mas, como queria aprender mais, me inscrevi nas aulas de teoria. O clima em sala de aula não era dos mais estimulantes. Meu humor estava em algum lugar entre o ansioso e o entediado.

Nessa manhã em particular, a sala estava assustadoramente silenciosa quando dois policiais e dois paramédicos entraram. Os paramédicos traziam uma maca. Eu os ouvi dizer meu nome. O sr. Otey me chamou para a frente da sala. Os policiais olharam para mim e disseram:

– Você tem de vir conosco.

Meu coração batia loucamente. A sala ficou ainda mais silenciosa. Eu não fazia ideia do que estava acontecendo. Não conseguia pensar no que fazer a não ser obedecer às ordens. Tive de acompanhá-los até o lado de fora. Parecia que todos os alunos da escola estavam olhando para mim enquanto os policiais e os paramédicos me escoltavam até uma ambulância em espera. Eles me puseram na maca, me amarraram e me enfiaram na parte de trás da ambulância. Partimos. O pesadelo estava só começando.

Devido a um mal-entendido, me levaram para o hospital psiquiátrico errado. Deitado de costas, com braços e pernas presos pelas alças, ouvi toda a confusão. Eu não sabia o que pensar ou o que sentir, exceto medo. Finalmente chegamos ao hospital psiquiátrico certo. Subimos por um elevador de serviço. O tempo todo eu ainda estava preso. O tempo todo eu ainda não tinha dito uma só palavra.

Quando chegamos à enfermaria, um administrador me perguntou:

– Você quis fazer mal a si ou ainda quer fazê-lo agora?

Fica calmo, pensei comigo mesmo. *Fica frio.*

– Não – respondi.

– Você quis ou quer fazer mal a mais alguém?

– Não.

Fui colocado num quarto. As enfermeiras não entendiam por que eu estava lá. Tudo o que eu sabia era que estava numa enfermaria fechada numa unidade psiquiátrica. Cinco dias se passaram até eu ser avaliado por um médico.

Fiquei lá por três meses. O ambiente me traumatizou. Muitos de meus colegas de enfermaria eram suicidas em potencial. Os psicólogos tentaram me convencer de que eu era um viciado. Na televisão, que podíamos assistir por uma hora à noite, Nancy Reagan olhava para a câmera e nos dizia: "Just say no".[2]

Simplesmente diga o que eles querem que você diga, pensei comigo mesmo, *e dê o fora daqui.*

– Sou um usuário de drogas – afirmei.

Consegui sair.

Mais tarde, minha mãe disse que lamentava que ela e Dave tivessem me enviado para lá. Não os culpei. Eram tempos confusos para todos. Os anos 1980 foram duros, mas animados. É sempre divertido quando se chega ao topo da montanha-russa... e então...

MEU RELACIONAMENTO COM HEATHER ERA BONITO, mas complicado. Ela terminou comigo, depois reatamos, e depois ela terminou comigo de novo.

2 Em português, "Simplesmente diga não", nome da campanha antidrogas criada pela então primeira-dama dos Estados Unidos, Nancy Reagan, visando combater o consumo de narcóticos entre os jovens.

Isso me derrubou. Eu tinha certeza de que nosso amor seria para sempre, mas o para sempre acabou durando pouco mais de um ano no primeiro namoro, e mais um depois que voltamos.

Quando Heather me deu o segundo pé na bunda, jurei nunca mais amar de novo. Expor meu coração e minha alma – a sensação de total vulnerabilidade – deixava-me morrendo de medo.

As razões de Heather para os términos faziam sentido. Ela não queria algo tão sério tão cedo. Ela queria ser livre para explorar o mundo sem estar presa a um cara. Talvez o amor não fosse uma obsessão para ela como era para mim. Seja como for, fiquei arrasado e prometi revestir meu coração de ferro para que nunca mais fosse partido.

SWING

Brothers and Sisters:

We'd like to thank ya'll for comin' down to see SWING and, as always, we need your support to keep the funk rollin'.

The boys will agree: there's nothin' finer than layin' down the groove for all you folks.

SWING: Scotty (vocals), Corey (guitar), Robert (bass), Britt (keyboards) and Eric (drums); looks forward to seeing you soon!

SWING boys will be droppin' the funk on your bootie:

Wednesday, *June 21st* at **CATCH 22**
Thursday, *July 6th* at the **ROXY** with **MARY'S DANISH**, 9:00 pm
Saturday, *July 15th* at **COCANUT TEASZERS**, 9:00 pm

For further info call SWING at (213) 837-2341.
Don't forget to call KROQ at 520-1067 to request Drop the Funk.

O NOVO GAROTO *na* CIDADE

INDEPENDENTEMENTE DO CLUBE EM QUE TOCÁSSEMOS, o Soi--Disant sempre terminava a noite em uma fraternidade específica que era anexada à Universidade da Califórnia, em Irvine. Fazíamos isso por um único motivo: um dos membros da fraternidade vendia coca.

Foi nessa época que, em um de nossos shows, um baixista alto e magro subiu ao palco e se juntou a nós para uma versão de "Louie Louie", o hino nacional do rock'n'roll.

O cara tinha 1,90 metro, pesava 70 quilos e era o melhor baixista que eu já tinha ouvido. Ele parecia o John Taylor, do Duran Duran. O nome dele era Robert DeLeo, e era cria de Jersey Shore. Ele fazia *slaps* no baixo como Larry Graham, do Sly and the Family Stone, e Louis Johnson, dos Brothers Johnson, duas feras do funk, estilo que Robert adorava. Ele estava imerso nas várias formas de rhythm and blues. Disse que um de seus ídolos era James Jamerson, o fabuloso baixista da Motown e membro fundador da famosa seção rítmica dos Funk Brothers. Jamerson libertou o baixo do papel de mero instrumento de fundo: ele o colocou na linha de frente e mostrou a gerações de músicos como o instrumento, enquanto força criativa, podia esculpir a forma de uma música tão significativamente quanto a guitarra ou mesmo a voz.

Cory e eu não conhecíamos Jamerson. Na verdade, não conhecíamos muito sobre R&B. Robert chegou com a força de um furacão e trouxe a sabedoria de um professor da velha guarda. Ele estava enraizado numa música que era virtuosa e verdadeira. Robert era um louco que tocava tão bem quanto Flea, o baixista do Red Hot Chili Peppers. Conhecia Led Zeppelin de trás para a frente. Nós adorávamos o Robert. E então ele desapareceu. O que

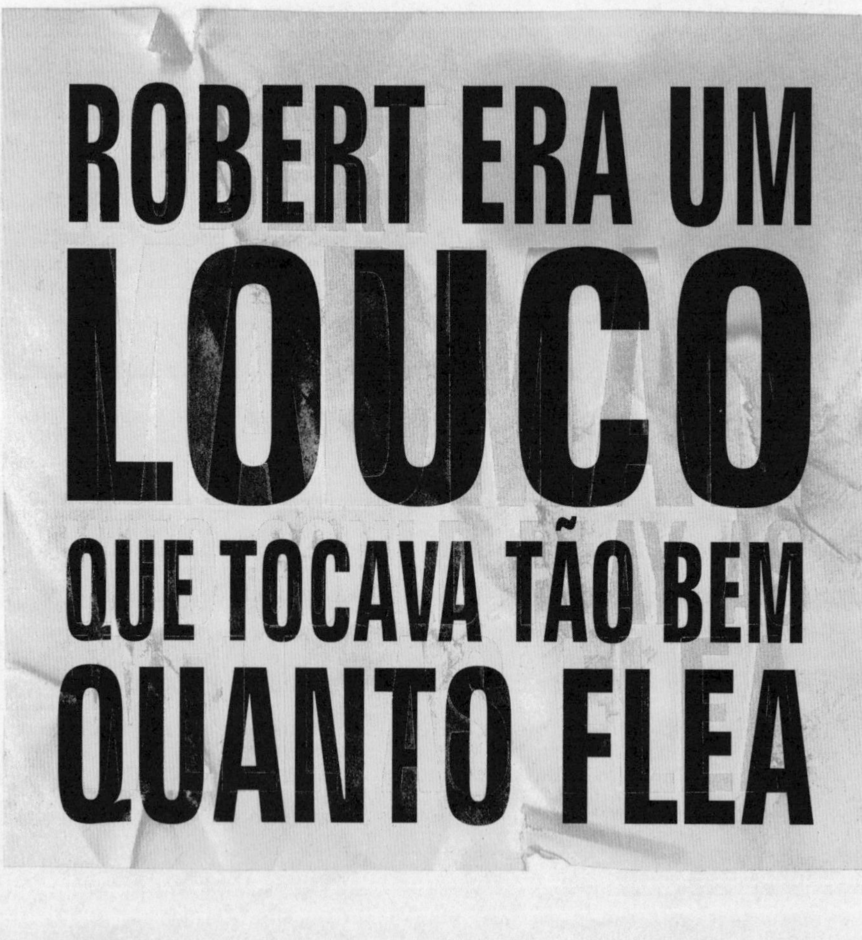

não é novidade. Músicos sobem ao palco e dão o fora do palco. Uns voltam, outros não. Teríamos ficado muito felizes se Robert tivesse voltado, mas não íamos procurá-lo. Tínhamos as nossas próprias coisas acontecendo.

Naveguei pelo ensino médio fazendo o mínimo possível. Eu gostava de história e literatura e me saía bem em cursos de nível universitário. O orientador disse que eu seria facilmente admitido em uma boa faculdade, mas não estava pronto para isso. Eu tinha abandonado o futebol, a luta livre e todos os outros esportes em prol do canto. O Soi-Disant era minha maior paixão. Não podia deixar para lá, mas também não me via desistindo de um curso superior. Minha curiosidade intelectual era intensa. A título de compromisso, matriculei-me na Orange Coast College, uma instituição comunitária.

Eu mesmo corri atrás. Estudava artes liberais porque isso me permitia fluir em várias direções diferentes – ciências políticas, filosofia, grandes livros. Tomava nota cuidadosamente durante as aulas e abracei o desafio de ler obras como *O fechamento da mente americana*. Minha média no ensino médio era C+; na faculdade, tornou-se B+. Com sua atmosfera menos restritiva, a Orange Coast fazia muito mais meu estilo do que o ensino médio. Matriculado em teoria musical, poesia e arte, eu estava comprometido com as artes liberais. Ainda estou.

No fim, porém, meu comprometimento com a música venceu a faculdade. Tinha que ser. Do contrário, eu não teria sido capaz de viver de música. Eu tinha que dar tudo à música.

Essa também foi a razão pela qual Cory e eu decidimos repensar nossa banda. Se quiséssemos ser bem-sucedidos, precisávamos melhorar, o que significava conseguir músicos melhores. Decidimos ir para Hollywood. Morando lá, teríamos contato com bons músicos. Talvez até encontrássemos Robert DeLeo.

A GAROTA *da* ESCOLA *de* ARTES

I got a girlfriend, she goes to art school
I got an art school girlfriend, yeah

She left her home from sweet Alabama
Rose, Alabama, for the city, New York City

I got a girlfriend, she goes to parties
Underground parties, Andy Warhol everywhere
She wears the leather, I wear the makeup
We'll never break up, been together for a month[1]

QUANDO ME MUDEI PARA HOLLYWOOD no meu período pré-STP, levei minha namorada, Mary Ann, a tiracolo. Ela estudava artes. Mas não vinha do Alabama. Coloquei isso na música, que saiu no álbum *Tiny Music* anos depois, pelo bem da história. A verdade é que Mary Ann era uma garota osso duro de roer de Orange County.

Mary Ann se matriculou na Cal Arts, e eu arranjei um emprego de arte-finalista num periódico jurídico de Los Angeles, o *Daily Journal*. Passei por um rápido programa de treinamento e descobri que tinha talento para finalizar uma edição em questão de horas. Nós nos mudamos para um apartamento próximo ao MacArthur Park, perto do centro de Los Angeles. Eu não sabia na época, mas alguns anos depois o MacArthur Park se tornaria o lugar onde eu me perderia totalmente nas drogas.

1 "Tenho uma namorada, ela estuda na escola de arte/ Tenho uma namorada da escola de arte/ Ela saiu de casa, no doce Alabama/ Rose, Alabama, para a cidade, Nova York/ Tenho uma namorada, ela vai a festas/ Festas underground, Andy Warhol para todo lado/ Ela usa couro, eu uso maquiagem/ Nunca vamos terminar, estamos juntos faz um mês."

Eu tinha conhecido a Mary Ann num clube logo depois que seu namorado se mudara para Paris. Ela estava arrasada, e eu, determinado a conquistá-la. Adorei o visual dela: cabelos levemente avermelhados, pele pálida, olhos azuis, lábios carnudos. Parecia irlandesa, mas tinha ascendência lituana. Também amei seu gosto e talento para tudo que diz respeito à cultura. Era uma garota pavio curto com uma personalidade forte, dançava balé e estudava artes numa faculdade de Los Angeles. Na época, eu ainda morava em Huntington Beach, mas isso não me impedia de meter o pé na estrada para passar a noite no dormitório de Mary Ann.

Minha lábia funcionou. Mary Ann e eu ficamos juntos. Enquanto eu tentava progredir no jogo do rock'n'roll, ela expressava sua alma em pinturas. Como eu, ela gostava de encher a cara. Até onde sei, ela se emendou, mas, quando vivíamos juntos em Los Angeles, o dia a dia era uma loucura. Mary Ann foi minha primeira namorada com personalidade tipo A: a primeira garota a me bater, a primeira a tacar fogo no meu carro. (Na verdade, era o velho carro caindo aos pedaços que meu pai tinha me dado.)

Depois do incêndio, perguntei-lhe o porquê.

– Você disse que eu era demais para você – respondeu ela. – Você queria terminar comigo. Você partiu meu coração.

– Mas isso é motivo para queimar um carro?

– É, sim – disse ela. – Agradeça por eu não ter queimado você junto com o carro.

FIQUEI FELIZ.

Feliz por voltar aos desafios do rock'n'roll.

JANNINA CASTENEDA:

Bela mulher, bela alma, belo espírito na minha vida quando minha vida não sabia apreciar o seu tipo de beleza.

Conheci Jannina, filha de mãe equatoriana e pai mexicano, quando ela tinha 19 anos, e eu, 22. Minha carreira ainda estava estagnada. Eu morava na Wilshire Boulevard, no centro de Los Angeles, e frequentava o clube King King, na esquina da Sixth com a La Brea. O The Red Devils, um grupo que eu curtia, vira e mexe tocava por lá. Às vezes, Jimmie Vaughan vinha dar uma canja. Era o meu tipo de cena hipster.

Uma noite saí para beber e conheci um sujeito chamado Tony, sua irmã Jannina e a amiga dela, Marina. Bebemos, dançamos e esticamos a festa até em casa. No começo, eu estava flertando com Marina, mas não conseguia tirar os olhos de Jannina. Ela era baixinha – 1,60 metro – com um corpo esbelto e bonito; longos cabelos castanho-escuros e olhos da mesma cor; um nariz romano; uma bunda perfeita; dentes levemente tortos, que achei atraentes; e uma aura de doçura que me fisgou. No final da noite, pedi seu telefone.

– Pensei que você tivesse gostado da Marina – disse ela.

– E gostei, mas estou gamado em você.

Ela me deu seu telefone e, algumas semanas depois, me deu seu amor. Tínhamos muita coisa em comum: gostávamos do mesmo tipo de música e éramos católicos fervorosos, ambos de boas famílias, ambos interessados numa relação duradoura. Jannina tinha um bom emprego como vendedora de maquiagens da Clinique numa loja de departamentos de luxo em Pasadena. Quando era mais jovem, sonhava em participar das Olimpíadas como ginasta. Uma excelente atleta, chegou perto, vencendo campeonatos estaduais e nacionais. Mas, em um momento crítico, ela perdeu o equilíbrio na barra, e seu sonho de glória olímpica caiu por terra.

VOAR *até o* SOL

O maior desafio musical era encarar a verdade: eu tinha que melhorar a qualidade dos músicos com quem tocava. Cory concordava. Mas, no fundo, eu também sabia que ele, apesar de todo o seu talento, não estava à altura dos grandes nomes da indústria musical. Ao mesmo tempo, Cory concordou que precisávamos recrutar Robert DeLeo.

Robert ainda estava na cena musical, então não foi difícil encontrá-lo. Quando aconteceu, fui bem direto:

– Junte-se à nossa banda.

Robert pareceu relutante.

– Não quero tocar com o Britt.

– Entendo – eu disse. – Vamos arranjar um tecladista novo.

– Não acho que precisamos de teclados – justificou Robert. – E eu sei que ele é seu amigo, mas também não acho que precisamos do Cory.

– Você conta ao Britt que ele está fora?

– Aham – concordou Robert. – Se você contar ao Cory.

Assim, as sementes do STP foram lançadas.

Cory reagiu bem. Ele já pressentia que isso ia acontecer. Seus olhos ficaram marejados de lágrimas, mas ele reconheceu que nossa ambição era maior do que a dele. Britt nem tanto. Ele se sentiu enganado.

DE QUALQUER MODO, ROBERT E EU ESTÁVAMOS PROGREDINDO. Eric Kretz, um excelente músico, tornou-se nosso baterista. Tudo o que nos faltava era um guitarrista matador. Robert mencionara brevemente o seu irmão Dean. Nunca fez campanha para ele. Tudo o que ele disse foi:

– O melhor guitarrista que conheço é o meu irmão mais velho.

O problema era que Dean, que havia se mudado de Jersey para San Diego, tinha parado de tocar. Ele era um empresário bem-sucedido que se casara com a namorada do ensino médio e comprara uma bela casa. Quando Robert e eu unimos forças, Dean nos ajudou a conseguir shows em San Diego – uma das razões pelas quais ficamos conhecidos como uma banda de San Diego –, mas não tocou conosco. Todos confraternizávamos na casa dele depois. Ele foi generoso com seu apoio, mas levamos muito tempo para convencê-lo a pegar sua guitarra e tocar.

Quando o fez, porém, nossa vida nunca mais foi a mesma. Nossa primeira jam com Dean foi em cima do riff que se tornaria "Where the River Goes", do álbum *Core*.

I wanna be big as a mountain
I wanna fly high as the sun
I wanna know what the rent's like in heaven
I wanna know where the river goes[1]

Para nós, sua forma de tocar era do tamanho de uma montanha e nos fazia voar até o sol. Dean nos elevou para um plano celestial. Não sabia o que tinha acontecido com ele no passado a ponto de deixá-lo desiludido ou

1 "Quero ser do tamanho de uma montanha/ Quero voar até o sol/ Quero saber quanto custa o aluguel no céu/ Quero saber aonde vai o rio."

desanimado, mas o fato é que o poder da música que fizemos juntos o tirou da aposentadoria.

Durante meses ele tinha sido apenas nosso amigo em San Diego, irmão do nosso baixista, um cara superdescolado que nos ajudava a conseguir shows. Mas bastou uma jam para ele se tornar membro da banda. Era o

COSTELETAS TROVEJANTES

final dos anos 1980, mas Dean era essencialmente setentista, um guitarrista digno do Zeppelin. Musical, física e espiritualmente, ele era perfeito para o papel. Geneticamente projetado para ser um guitarrista, ele era um cara desajeitado com cabelos grossos e indisciplinados, uma boca grande, lábios avantajados, costeletas trovejantes. Ele era um magrelo filho da mãe, mas tocava muito!

Além do que pode parecer um estereótipo, ele era uma pessoa de carne e osso cujo carisma atraía todos – inclusive eu – para sua órbita. Jack Kerouac tinha o seu Dean Moriarty. Eu tinha o meu Dean DeLeo. Seu mantra

Mighty Joe Young, 7 de maio de 1990, no Club Lingerie, Hollywood, CA.
Da esquerda para a direita: Robert DeLeo, Scott, Eric Kretz (bateria), Corey Hickock
(Foto: Bobby Levine)

era: "Tudo com moderação, até a moderação". Como Keith Richards, ele era um glorioso rebelde.

O pai dos DeLeo havia morrido jovem, e Dean meio que se tornara um pai para o irmão: mesmo durante seus loucos tempos de ensino médio, Dean mantivera um senso de responsabilidade. Se eu lhe trazia notícias sombrias da cultura punk, ele me devolvia a gramática completa dos guitarristas, de Muddy Waters e Wes Montgomery a Jimi Hendrix e Jimmy Page.

O VERÃO *de* MARY

JANNINA CASTENEDA CHEGOU PRIMEIRO. Eu me apaixonei por ela e depois me apaixonei por Mary Forsberg. Mary foi embora. Jannina ficou. Mary voltou, foi embora novamente e então voltou mais uma vez. O tempo todo, repleto de culpa e paixão, eu me atormentava, tomando uma decisão malfadada após a outra.

AGORA EU REAPRESENTO MARY FORSBERG – a bem-aventurada Mary, mãe de duas lindas crianças, o amor de meus primeiros sonhos, a mulher que dominou meu coração e minha cabeça durante grande parte da minha vida.

Era o alvorecer dos anos 1990. Eu tinha acabado de completar 23 anos. Eric Kretz, os irmãos DeLeo e eu tínhamos uma banda independente chamada Mighty Joe Young. Eu precisava de emprego e consegui trabalho como motorista de uma agência de modelos. Robert trabalhava numa loja de instrumentos musicais, que ficava bem em frente à agência. Ele vinha com ideias para canções – acordes, melodias, riffs. Versos e histórias começaram a surgir em minha mente também. "Plush." "Creep." "Wicked Garden." Tocávamos ao vivo e tínhamos arrebatado um bom número de seguidores em San Diego, bem como em Hollywood. Qualquer que fosse a noite, atraíamos umas 200 pessoas. Nada mal para uma banda independente. Abrimos shows para Rollins Band, Ice T e Soul Asylum.

Eu era um jovem conduzindo belas modelos para seus trabalhos no meu antigo Chrysler Imperial Crown 1965. Ganhava oito dólares por hora, o que não era tão ruim para aqueles tempos. Antes disso, quem me sustentava era basicamente minha linda namorada Jannina. Nem passava pela minha cabeça que trabalhar com modelos poderia gerar algum conflito. Se tivessem me perguntado, eu teria respondido inocentemente:

– É um bom trabalho. Eles me dão folga quando tenho um show ou ensaio. Eu gosto dessas pessoas. As meninas são lindas. São todas da minha idade ou mais jovens. Mas interessadas em mim? Sem chance. Elas são muita areia pro meu caminhãozinho.

Aquele estava sendo um bom verão. Eu morava com Dean em Highland Park, uma área descolada de Los Angeles. Um verão de churrascos e cerveja, um verão num descontraído bairro mexicano, um verão de possibilidades. Então soubemos que Mighty Joe Young era o nome de um cantor de blues ainda na ativa. Seu empresário, portanto, nos pediu para abrir mão do nome. O espírito do blues exigia que respeitássemos nosso colega músico, então começamos a pensar em outra opção.

Aquele foi também o verão do meu santuário, um local sagrado improvisado, iluminado por velas e rodeado de bugigangas. Foi um verão à espera de que a musa nos abençoasse com canções. No centro do santuário, coloquei uma lata de aditivo para óleo de motor, da marca STP. Estava lá para oferecer conforto. Quando criança, eu tinha adesivos STP na minha bicicleta. Adorava a marca. Adorava a forma como o piloto Richard Petty, uma figura fantástica, era o inferno sobre rodas do rock‘n’roll. Ele usava o logotipo STP. Essas letras representavam tudo – rebeldia, possibilidade de vitória, se esforçar ao máximo. Parecia haver alguma sincronia nisso. Adorava a clareza e a franqueza da marca. Talvez pudesse funcionar para nós.

Se era bom o suficiente para Richard Petty – que, a propósito, era o Keith Richards do automobilismo –, então, porra, seria bom o suficiente para nós.

Mas o que representaria?

Shirley Temple's Pussy.[1] O nome foi cogitado só para fazer piada. Mas tínhamos receio de que os machos alfa que consumiam esse novo rock alternativo não entendessem o sarcasmo. Assim, o longo processo à procura de um nome continuou.

Enquanto isso, as modelos precisavam ser conduzidas. Um dia me pediram para levar uma menina chamada Mary. Ela tinha 16 anos. Morava com um vietnamita homossexual, que trabalhava na agência. Mary era deslumbrante, uma surfista de San Diego que brilhava com a luz de um céu sem nuvens. Cabelo castanho dourado natural, longo e esvoaçante, com mechas descoloridas pelo sol da Califórnia. Sua beleza era de outro mundo, quase dolorosa. Ela carregava uma dor que eu não conseguia identificar. Era extremamente tímida, mal falava. Nossa dor se chocou, mas de modo silencioso. Uma dor que não foi expressa, apenas sentida.

Mary e eu trabalhávamos para Nicole Bordeaux, proprietária da agência de modelos, uma mulher que fazia lembrar a Cruela Cruel de *Os 101 dálmatas*, exceto que ela não era cruel. Era fabulosa, extravagante e cuidava muito bem de suas meninas. Seu marido, David Bordeaux, tinha adotado o sobrenome *dela*, um fato que achei curioso. O negócio de modelagem movia-se de maneira frenética, como se alimentado por coca. Tudo girava em torno de champanhe grátis e noitadas caras em boates. Nicole me considerava apenas mais um roqueiro de alguma banda desconhecida. Dava para

1 Em português, algo como "Boceta de Shirley Temple".

encontrar milhares de nós em qualquer quarteirão de Hollywood ou nas páginas do *LA Weekly*. No entanto, ela teve o cuidado de me escolher para ser o motorista da Mary.

– Ela não é qualquer uma – disse, referindo-se a Mary. – É uma criatura jovem e delicada. Ainda não tem carteira de habilitação. Cuide bem dela. É nossa Kate Moss.

O santuário que construí para afastar o mal.
Acho que ele acabou trazendo o mal para perto.

Quando Mary chegou carregando uma mochila, sua aparência disfarçava sua beleza. Sem maquiagem, vestia jeans básicos e uma camiseta branca. Seus lábios eram carnudos e sensuais; suas maçãs do rosto, esculpidas; seus olhos, de um castanho profundo e rico. Não tinha mais do que 1,70 metro. Quando Nicole me apresentou a ela, pensei ter visto um sorriso fugaz. Não pude ter certeza.

Ela caminhou em minha direção sem dizer nada. Durante o percurso para seu trabalho, o silêncio se manteve firme. Eu me perguntava se ela era tímida ou simplesmente não tinha nada a dizer. Tentei puxar papo. Ela respondia monossilabicamente. Parei de tentar.

– Que tal ouvir Beastie Boys ou Nirvana? – perguntei.

– Lógico – respondeu ela.

Paul's Boutique soou legal, mesmo no meu som automotivo de merda.

Quando fui buscar Mary após sua sessão de fotos, ela parecia feliz em me ver, mas não verbalizou isso. Coloquei para tocar um cassete de *Nevermind*, do Nirvana. Estávamos em 1991, e o álbum havia iniciado um tsunami do que estava por vir. Uma onda gloriosa cuja maré traria destruição.

– Aumente o volume, por favor – pediu ela.

Obedeci de bom grado. Mary estava sentindo o mesmo que eu – pelo menos eu

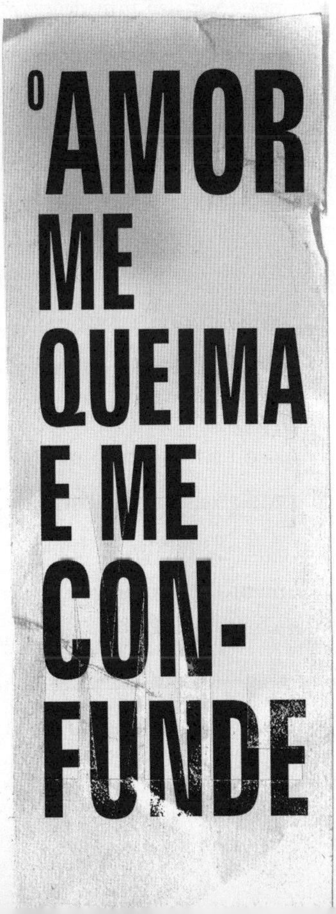

pensava que estivesse. Começamos a nos aproximar. Ela havia acabado de terminar um relacionamento e eu ainda estava com Jannina. Eu adorava Jannina, mas, ao conhecer Mary, percebi que nunca tinha sido *apaixonado* por Jannina. Qual é a diferença? Eu poderia responder com uma única palavra – obsessão. Encaro o amor da mesma maneira que encaro a arte, como uma obsessão. Talvez essa seja uma visão excessivamente romântica da existência humana, mas eu me considero um ser humano excessivamente romântico. Se o amor, como o rock'n'roll, não me consome 24 horas por dia, não é amor. Pode ser respeito, apreço, admiração, deslumbramento, pode ser um mundo de glória e uma vida de paz, mas não posso chamá-lo de amor. O amor me queima e me confunde. O amor é uma luz que não se pode apagar.

Mary tinha essa luz nos olhos, que eram repletos de amor. Mas também carregava um lado sombrio. Ela tinha um *book* com suas fotografias de modelo, que um dia levei para casa para observar. Coloquei-o numa gaveta. Jannina acabou encontrando o *book* e me perguntou sobre ele. Eu me atrapalhei todo e tremi na base.

– Esqueceram no carro – respondi. – Trouxe por engano.

Ficou na cara que eu estava mentindo. Fui criado para não mentir, por isso não sou bom nisso. Mas a obsessão do amor estava dilapidando meu código moral. A obsessão do amor me fazia sonhar com Mary.

Quando fui buscá-la numa manhã, a porta da frente de seu apartamento estava aberta.

– Entre – convidou ela.

Recém-saída do banho, Mary tinha uma toalha enrolada em volta do corpo. Sentei-me na cama, completamente sem graça. Queria beijá-la, mas não o fiz.

O humor da Mary. As expressões dela. Mary me pedindo:

– Você se importaria de me maquiar? Não sou muito boa nisso.

O longo e quente verão passou sem que déssemos um beijo. Era tudo olhares e gestos, nada mais do que um silêncio sedutor.

Maquiá-la foi o momento mais sensual que cheguei a vivenciar com ela. Ternamente passando batom vermelho rubi em seus lábios. Passando pó em suas bochechas. Aplicando lentamente o delineador.

Querendo beijá-la.

Querendo abraçá-la.

Querendo dizer alguma coisa – e, em vez disso, não dizendo nada.

Mais tarde, soube que Mary também queria dizer alguma coisa. Ela confessou que também queria me beijar e me abraçar. Disse que esperava que eu tomasse a iniciativa. Mas nenhum movimento foi feito naquele verão.

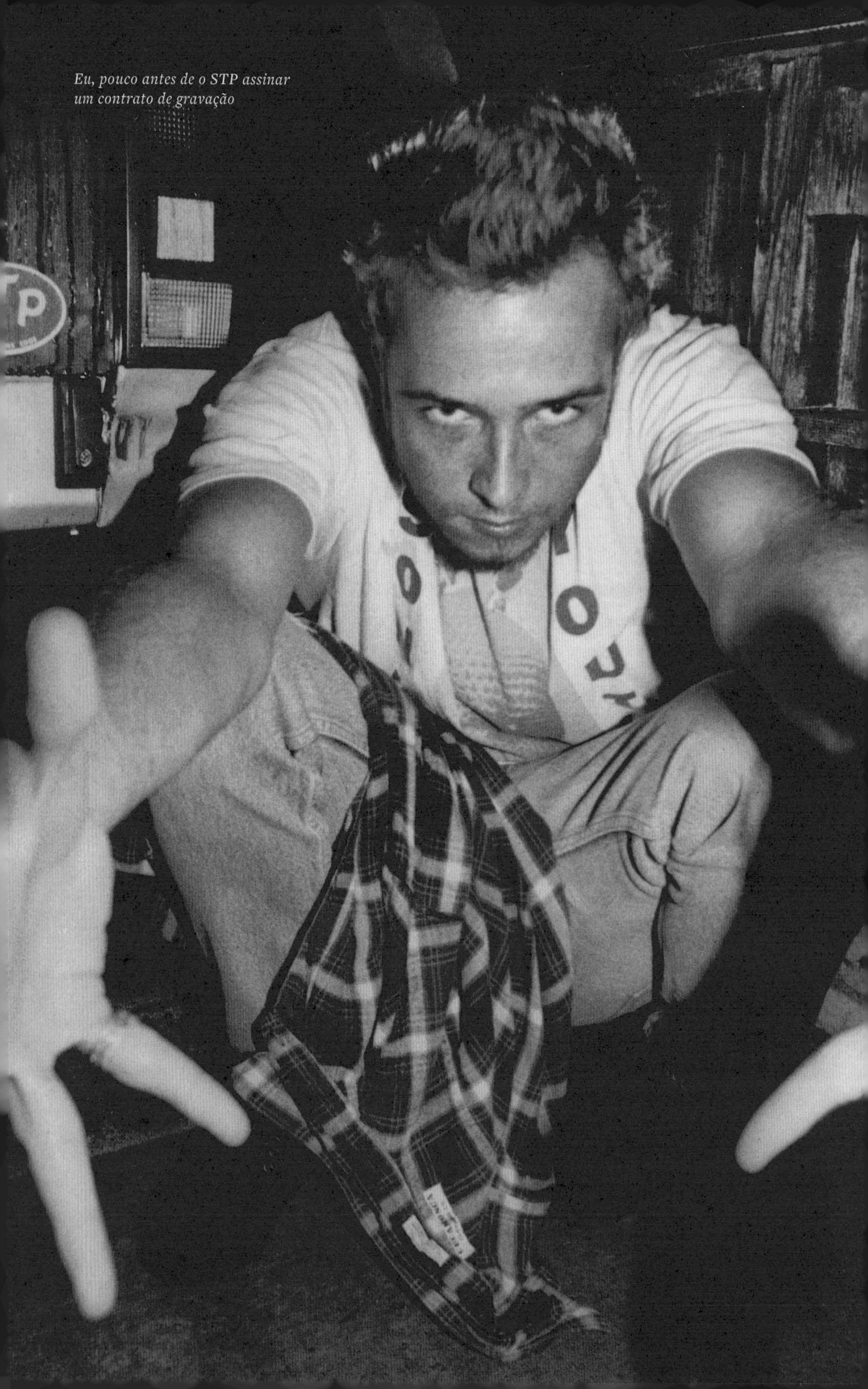

Eu, pouco antes de o STP assinar um contrato de gravação

O
VERÃO
da
MÚSICA

Nós adorávamos o logotipo da STP e só precisávamos de um nome para acompanhá-lo. Stone Temple Pilots parecia preencher os requisitos. Parecia aventureiro; parecia estranho; parecia conosco. Foi um verão escaldante de cervejadas e maconha. Nossa banda estava começando a surfar na onda de música alternativa que vinha dominando a indústria fonográfica. Em poucos meses, STP, Tool e Rage Against the Machine assinariam com grandes gravadoras. Nosso contrato veio como resultado de três shows. O primeiro foi abrindo para o Body Count, a banda do rapper Ice T, no Palladium. O segundo, como aquecimento para a Rollins Band, no Whiskey. Foi nesse show que chamamos algumas meninas vestidas de dominatrix para ficar soprando bolhas de sabão. Mary era uma delas. Nossa relação, no entanto, mantinha-se casta.

O terceiro show foi o mais importante – no Shamrock, um bar em Silver Lake. Foi lá que rolou a proposta. Tom Carolan, um executivo de Artistas & Repertório da Atlantic, disse:

– Vocês são ótimos! Que acham de gravar um disco para nós?

Agimos como se tivéssemos empresários e assessores a consultar. Mas é claro que íamos gravar um disco para a Atlantic. Ficamos chocados, num estado de puro êxtase. A Atlantic era a gravadora ideal. Fundada por

Ahmet Ertegun, tinha começado como um selo independente e acabara contratando Ray Charles, Aretha Franklin e Led Zeppelin, sem falar nos Rolling Stones.

A gente se beliscava, percebendo que havia sido uma combinação de ambição cega e talento musical que nos colocara na rota do estrelato. Estávamos deslumbrados, mas também sérios quanto a criar e tocar o tipo de rock autorreflexivo que respeitávamos. Não iríamos entregar qualquer porcaria e não seríamos meros imitadores. Julgávamos ter uma voz única, histórias únicas e um som único. Queríamos reunir os elementos essenciais do que éramos – o núcleo da nossa música –, por isso chamamos o álbum de *Core*.[1] Fundimos nossas sensibilidades musicais e forjamos algo novo. É lógico que tivemos influências – Stones, Pink Floyd, Metallica, Beatles, Led e dezenas de outras bandas. Mas o todo do STP acabou se tornando muito maior do que a soma de suas partes; acabou se tornando visceral – um pouco estranho, por vezes lírico, e sempre intenso. Nós amamos *Core*.

Já os críticos odiaram, nos massacraram; os críticos adoravam nos massacrar. Hoje, posso falar com certa distância da reação sanguinária dos críticos em relação ao nosso trabalho. Hoje, estou pouco me fodendo. Mas, naquela época, eu me importava. Eu era um músico sério à procura de críticos sérios que nos levassem a sério. Robert, Eric e sobretudo Dean, que era seríssimo sobre a história do rock, sentiam o mesmo. Então, quando os jornalistas caíram em cima de nós, foi péssimo. Eu até liguei para Danny Goldberg, presidente da Atlantic, para expor a situação e meu ponto de vista. Ele disse:

1 Em português, algo como "âmago", "núcleo", "cerne".

– Não se preocupe. Eu trabalhei como assessor de imprensa do Zeppelin, e, nos primeiros anos, eles passaram pela mesma coisa. Agora veja como são vistos; como lendas.

Fracasso de crítica, mas sucesso de público – essa é a história do *Core*. O álbum começou a vender e, cerca de 8 milhões de cópias depois, nunca mais parou. Assim como os críticos, que também não largaram do nosso pé. "Sex Type Thing", um single de enorme sucesso extraído do disco, foi caracterizada por alguns idiotas preconceituosos como uma ode ao estupro. Alguns chegaram a dizer com todas as letras que estávamos *promovendo* o estupro. Como a música foi escrita na voz de um personagem perturbado, houve críticos que presumiram que eu era esse personagem. É como se dissessem que não há diferença entre um personagem em primeira pessoa criado por um escritor e o próprio escritor. A suposição é ridícula. Eu queria denunciar a loucura dessa crítica, então antes de subir ao palco e tocar "Sex Type Thing", passava batom e colocava um vestido.

Era um momento e tanto. Depois de participarmos do *Spring Break*, da MTV, cruzamos o oceano para alguns dias de promoção e shows na Europa. A versão drag de "Sex Type Thing" tornou-se arte performática. Passados os primeiros compassos da música, víamos os olhos arregalados e queixos caídos de todos os machos alfa sem camisa na plateia. Então, mesmo eu não tendo certeza de que eles tinham entendido a ironia da coisa, eles começavam a dançar, a abrir rodas de pogo, a fazer *crowd surfing* – um forte indício de que estávamos causando um impacto. Nós nos sentíamos vingados. Estávamos conseguindo transmitir nossa mensagem... Amém!

Noite de Halloween. Como podem ver, eu sou o que se parece com a modelo Cheryl Tiegs.

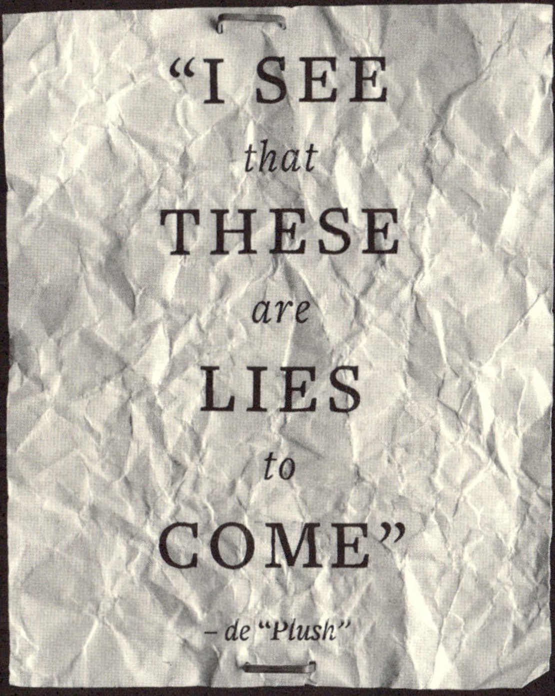
"I SEE
that
THESE
are
LIES
to
COME"
– de "Plush"

ERA 1992. ESTÁVAMOS EM TURNÊ, E "SEX TYPE THING" tinha sido lançada como single. A turnê consistia em nos revezarmos no volante do trailer enquanto cruzávamos o país tocando em pequenos clubes. Nosso primeiro show foi em Orange County, com meus amigos de Huntington Beach a me ovacionar. No meu 24º aniversário, estávamos no meio do nada, então acampamos durante a noite. Robert fez sanduíches de atum, enchemos a cara e nos divertimos muito. O mundo ainda era novo e fresco. Nós ainda éramos indestrutíveis.

Às vezes, em nossos shows, ficávamos preocupados com o número de skinheads na plateia. Eu odiava aquilo. Não era para eles que queríamos nos apresentar. Qualquer que fosse a energia que liberássemos, não se destinava a estimulá-los.

– Se você não quer essa vibração – eu dizia –, vá a um show do Pantera.

Em Nova York, onde não éramos tão conhecidos, tocamos num local chamado The Bank, no cruzamento da Houston com a Ludlow. Alguns anos mais tarde, eu estaria comprando drogas naquela mesma esquina. Mas, por enquanto, estávamos apenas tentando nos dar bem na indústria fonográfica. Tocávamos nas rádios dedicadas a metal – "Sex Type Thing" era vista como uma música de metal –, e isso tanto nos incomodava quanto

REVESTIRAM NOSSO CÉREBRO

nos agradava. Incomodava porque não nos víamos como metal. Agradava porque estávamos no rádio. E, além disso, a mesma coisa estava acontecendo com o Soundgarden e o Nirvana. Se eles podiam ser confundidos com heavy metal, por que não o STP?

Em Nova Orleans, fomos parar no bairro errado, no hotel errado, mas éramos burros demais para perceber. Continuamos a festejar.

Uma noite, Dean bebeu demais e vomitou pelo trailer todo. Robert chegou dançando no quarto do hotel trazendo o novo álbum dos Stray Cats e disse:

– Agora eu sei por que deram o título de *Choo Choo Hot Fish*.[1]

Dean passou horas limpando o vômito.

Pouco a pouco, o disco começou a bombar, até que soubemos que o programa *Headbangers Ball*, da MTV, queria nos entrevistar. Foi quando Dean e eu nos unimos pra valer. Em vez de darmos uma entrevista, Dean sugeriu levar seu violão para os estúdios da MTV em Nova York para que pudéssemos tocar uma versão acústica de "Plush".

Estávamos muito agitados por conta da turnê e, para dormir no avião, tomamos um punhado de comprimidos poderosíssimos – os primeiros que tomei na

---

1 Choo Choo Hot Fish era o nome de um restaurante de peixes no Tennessee.

vida –, que revestiram nosso cérebro e entorpeceram o mundo. Quando chegamos ao hotel chique em Nova York, vomitei no saguão. Dean mal conseguiu subir ao quarto antes de vomitar por todo o banheiro. Quando chegamos à MTV, às 6h da manhã, estávamos como dois zumbis, e ainda assim...

Dean tocou sua versão mais dolorosamente emotiva de "Plush" – e eu cantei de uma forma despojada como nunca tinha cantado antes, e como nunca voltaria a fazer depois. Uma versão doce e aveludada, uma ratificação acústica que segue entre as mais pedidas no rádio dezoito anos depois. Esta é uma história que parece ter um final relativamente feliz. Mas é um final falso, porque minha história só se tornou mais e mais angustiante.

QUANDO *CORE* FINALMENTE DECOLOU, voou alto, gerando quatro hits entre as cinco mais, com dois deles chegando ao número um. Lembro-me dos empresários ou da gravadora ou de alguém de terno vindo até nós e dizendo:

– Aconteceu! O *hype* é real! O Aerosmith quer que vocês abram para eles!

Olhei para Dean, Robert e Eric, vendo no rosto deles a mesma expressão do meu.

– Não – respondemos. – Esta é a pior coisa que poderia acontecer conosco. Não vamos abrir para o Aerosmith.

O INVERNO *do nosso* DESCONTENTAMENTO

LONDRES NUM FRIO DE RACHAR, INVERNO DE 1993.

Core tinha estourado mais do que poderíamos imaginar em nossos sonhos mais loucos. Estávamos viajando sem parar, promovendo e vendendo discos.

Era nossa primeira turnê fora dos Estados Unidos. Já fazia alguns meses que eu não via Mary. Ela agora tinha 17 anos e se emancipara dos pais após tê-los deixado na Califórnia. Eu não a tinha esquecido, mas tinha me disciplinado para não telefonar. De repente, minha disciplina entrou em colapso. Liguei para Los Angeles e soube que ela havia mudado de agência e estava trabalhando em Paris, mas, maior dos milagres, por acaso estava em Londres naquele momento. Fiquei doido. Isso não poderia ser mera coincidência. Era o destino. Que se fodam os cupidos! A própria Afrodite nos uniu.

Liguei para ela e perguntei:

– Você daria um pulinho no meu hotel?

– Aham.

Mary chegou envolta em lã. Ela brilhava. Me deu um beijo na bochecha. O hotel tinha um bar privativo, pequeno e intimista. Tal como nosso bate-papo. Ela me contou como havia lidado com o processo de sua independência em relação aos pais e como agora cuidava da própria vida. Mary parecia sensacional. Desde a última vez que eu a tinha visto, no ano anterior, ela tinha viajado o mundo. Desfilara em Nova York, Tóquio e Londres. Estava confiante e irradiava uma energia sofisticada. Era irresistível.

– Você é uma pessoa totalmente nova – eu disse.

– Você também. Você se tornou um astro.

Suas palavras ainda eram poucas, mas escolhidas a dedo.

Ela me perguntou se eu queria que ela me acompanhasse até o meu quarto.

– Você pode dormir aqui se quiser – ofereci. – Eu durmo no sofá.

Ela ficou e eu não dormi no sofá. Nossa ligação sexual foi ainda mais poderosa do que eu esperava. Nós nos tornamos um. Os céus se abriram.

– Vem comigo nesta turnê – pedi. – Fica.

Durante cinco dias, ela me acompanhou enquanto o ônibus atravessava as colinas e sebes da Inglaterra e da Alemanha. No final do quinto dia, ela teve que voltar ao trabalho.

– Estou apaixonada por você – ela disse.

Eu estava apaixonado por ela e assumi isso.

– E agora? – ela perguntou.

– Não faço ideia.

Fantasiados de Kiss:
Eric (Peter Criss),
Scott (Paul Stanley),
Robert (Gene Simmons)
e Dean (Ace Frehley)

BEIJO *de* VERÃO

NÃO ME DROGUEI – pesado – até o verão seguinte. Estávamos de volta aos Estados Unidos, ainda promovendo *Core*, desta vez em turnê com Butthole Surfers, Flaming Lips, Firehose e Basehead. Era a chamada Barbecue Mitzvah Tour. Nós éramos a banda do momento – a maioria dos fãs ia aos shows por *nossa causa* –, mas, por respeito aos pais fundadores do rock alternativo Butthole Surfers e Flaming Lips, cujo hit atual era "She Don't Use Jelly", nós topamos ser co-headliners.

A turnê foi intensa em termos de sexo e drogas. Eu não conseguia abrir mão das iguarias que acompanhavam o status de um *rock star*: cocaína, álcool, mulheres. Então chegamos a Nova York, onde ficamos no Royalton Hotel. Havia uma aura mortalmente decadente no lugar. O que o Hollywood Hyatt House – o chamado Riot House – tinha sido para a geração anterior do rock, o Royalton era para a nossa. Era indiscutivelmente pós-moderno, discreto, com uma baita vibração estilosa, um lugar onde modelos esquálidas de tanto tomar pico se misturavam às paredes escuras e aos espelhos. Tudo no hotel fazia você – me fez, fez todos nós – querer ficar chapado.

Mary estava em Nova York. Tinha feito amizade com o mágico David Blaine. Acabara de completar 18 anos. Já fazia algum tempo que não nos viamos. Naquela tarde, ela foi até o hotel. Sua simples presença me empolgou, renovou todos os meus sentimentos, me fez querer estar com ela e somente com ela. Saímos para comprar roupas *vintage*. Vi um vestido vermelho numa boutique no SoHo. Quando ela o experimentou, nós nos transformamos em um filme *noir* de 1947.

– Vou usá-lo esta noite – disse ela.

– Perfeito.

De volta ao hotel, eu me despedi dela, lhe providenciei ingressos para o show, prometi que nos encontraríamos depois e fui tirar uma soneca.

Nesse mesmo dia, alguns músicos haviam encomendado saquinhos de China White. Eu nunca tinha injetado ou cheirado heroína antes. Mas

havia estudado a cultura da heroína. A verdade é que eu adorava essa cultura. Ela me intrigava. Tive um colega no ensino médio que era viciado. Eu adorava a obra de William S. Burroughs e o brilhantismo de Charlie Parker. Adorava a estética dos Rolling Stones. Sabia do período em que John Lennon usara heroína. Em meados dos anos 1980, eu tinha sido muito influenciado por Perry Farrell e pelo Jane's Addiction.

HOMEM FLUTUANDO NO ESPAÇO

Eu associava a heroína ao romance, ao glamour, ao perigo e aos excessos do rock'n'roll. Mais do que isso, a ligação entre heroína e criatividade despertava minha curiosidade. Naquela altura, eu não conseguia imaginar minha vida – ainda mais naquele momento, quando estava entrando no primeiro escalão do rock alternativo – sem esbarrar com a Rainha das Drogas. Então fiz minha encomenda.

Naquela noite, só para zoar, o STP estava vestido de Kiss. Tínhamos os macacões e as perucas pretas, e a maquiagem foi feita por uma ex-funcionária do Kiss. Antes de subir ao palco, dei um teco na China White. O opiáceo levou-me para onde sempre havia sonhado ir. Não sei nomear qual lugar exatamente, mas posso dizer que me senti imperturbável e sem medo, flutuando em um espaço sem demônios ou dúvidas. O show foi lindo. O barato foi lindo.

A questão da heroína, pelo menos para mim, era que eu sempre tinha medo ou me sentia muito desconfortável quando entrava em um bar ou clube. Mas chapado, eu podia ser o Super-Homem ou qualquer homem. Não ligava para o que pensassem a meu respeito. A droga foi minha salvação. A equalizadora definitiva – pelo menos era assim que eu pensava.

Depois do show, não quis ver nem falar com absolutamente ninguém. Não que eu não quisesse ver Mary em seu vestido vermelho ou não quisesse reprisar nosso filme *noir*. Eu simplesmente precisava ficar a sós com aquela sensação.

– O que eu digo a Mary? – perguntou meu *roadie*. – Ela está esperando você.

– Diga a ela que tive uma intoxicação alimentar.

Era uma desculpa de merda. E Mary sabia disso. Mary sempre sabia quando era mentira. Havia um lance cármico entre nós. Fomos atraídos um pelo outro como sobreviventes de um naufrágio. Eu nunca tinha ouvido uma mulher falar tão abertamente sobre depressão, por exemplo. Quando Mary falava assim, eu ficava fascinado pela tristeza; fascinado pelas mudanças extremas de humor, por suas necessidades, seus medos, sua beleza, sua fome por mim, minha fome por ela.

Mary, aliás, nunca assumiu uma mentira. Ela tinha um lema para isso: "Se te pegarem, minta até o fim!".

FOI NO APARTAMENTO DO MEU AMIGO RICH CONKLIN que uma mulher simpática ouviu minhas queixas sobre estar sofrendo de alguma doença que eu não sabia o que era. Velha de guerra, ela simplesmente disse:

– Oh, querido, você está com síndrome de abstinência.

Então saí da festa às pressas em direção ao centro da cidade. Foi lá que apanhei um pacote com um desenho intrigante: um bebê sorridente montado num dragão em meio às nuvens, enquanto um grupo de anjos olhava com admiração. O pacote continha China White. O desenho virou a capa de *Purple*, o segundo álbum do STP.

Esta foi a primeira e última vez que encontrei heroína branca desse tipo em Los Angeles. Geralmente, era heroína preta, mexicana.

HEMATOMAS ALIVIAM *a* DOR

APAIXONADO POR MARY A DISTÂNCIA, vivendo com Jannina sob o mesmo teto.

O sentimento de culpa era meu melhor amigo, meu pior inimigo, meu motivador e meu algoz.

Livre do tempo, suspenso no espaço.

Purple foi gravado fora do tempo e do espaço, em Atlanta, onde encontrei uma traficante na área descolada da cidade. Tinha 25 anos e, infelizmente, era soropositiva. O namorado dela era um roqueiro mórbido com tendências suicidas. Kurt Cobain ainda estava vivo. O grunge, como o rotularam, ainda reinava absoluto – na música, na consciência social e até na alta-costura.

Eu estava vivendo pelo pico porque meu vício tinha me deixado doente, e os calmantes e barbitúricos não faziam efeito. A menina com aids era meu segredo para ficar na moral com a heroína. Consegui meus saquinhos de coisa da boa e minha parafernália de drogas; então fiquei bem para gravar. Gravamos e mixamos o álbum inteiro em menos de um mês. Depois voltei a Los Angeles, onde meu vício, iniciado na Barbecue Mitzvah Tour, tinha se transformado num grande monstro sombrio.

Jannina e eu havíamos nos mudado para uma casa no remoto e rústico Topanga Canyon, um mundo à parte das ruas desagradáveis que vendiam as coisas pelas quais eu ansiava. Eu tinha que parar. Planejei um desmame. No segundo dia, porém, tive uma recaída e voei alto. Sabia que precisava ficar saudável, sabia que precisava me desintoxicar. Encontrei um centro de reabilitação em Marina del Rey chamado Exodus. Quando estava prestes a fazer o check-in, disseram-me para não fazê-lo. Kurt Cobain e Gibby Haynes estavam lá.

Gibby, do Butthole Surfers, havia sido meu parceiro na Barbecue Mitzvah Tour, aquela em que tínhamos saído dos trilhos. Meu empresário achou que não era uma boa ideia ficarmos juntos, então fui a um centro de tratamento em Pasadena, onde, dois dias depois, fiquei sabendo que Kurt tinha saído do Exodus. Quatro dias depois, me contaram que ele estava morto. Essa notícia me assustou e acabou comigo, levando-me a uma solidão ainda mais sombria. Essa notícia me fez procurar explicações e consolo em todos os recônditos silenciosos do meu cérebro. Isso foi em abril de 1994.

Para confundir as coisas ainda mais, *Purple* foi um tremendo sucesso. Após detonarem *Core*, os críticos finalmente bateram em nossa porta e abraçaram *Purple*, validando o STP como uma banda de rock legítima com uma atitude artística própria. O público também curtiu. Quando foi lançado, em junho daquele mesmo ano, estreou em primeiro lugar. "Interstate Love Song" foi um grande sucesso. Assim como "Vasoline" e "Big Empty", cuja letra dizia: "Too much walking, shoes worn thin... too much tripping, and my soul's worn thin".[1]

1 "De tanto andar, os sapatos ficam gastos... De tanto viajar, é a alma que fica gasta."

Caímos na estrada. Na Europa fazia um friozinho, mas na Alemanha estava um gelo. Tínhamos combinado de voar de volta para os Estados Unidos e fazer o *Spring Break*, da MTV, na Flórida. Ávidos por sol, planejávamos chegar alguns dias antes do show. Nosso empresário, porém, adiou a partida devido a obrigações contratuais com a imprensa na Alemanha. Mas finalmente chegamos à Flórida.

A injeção de adrenalina veio de uma mulher a quem chamarei de Alison. Ela era uma fotógrafa arrojada. Dean e eu ficamos caidinhos por ela. Era loira, sexy, um pouco mais velha e uma viciada de marca maior. Não, não fizemos sexo a três. No entanto, criei um laço com Alison que durou bastante tempo.

Alison era um desastre intrigantemente talentoso. Ela andava conosco e falava besteira. Era divertida com a galera, sem segundas intenções. Alison tinha uma relação com drogas muito mais antiga do que a minha. Mas nossos caminhos narcóticos não se cruzaram muito; foram poucas as vezes em que chapamos juntos. Ela era uma estudante da cena muito mais avançada. Aprendi com ela de muitas maneiras. Ela habitava a fértil encruzilhada da arte com a droga. Milagrosamente, porém, Alison ficou limpa nos anos seguintes, enquanto eu permanecia preso na lama e na escuridão.

Era 1995, o ano que deveria ter sido o melhor da minha vida. Foi o pior. Fui preso por posse de droga. Fui levado a julgamento, e me condenaram a três anos de pena suspensa e cinco meses de detenção. E o STP foi por água abaixo.

Square Garden – o Aerosmith juntou-se a nós no palco

"WHAT'S REAL?
WHAT'S *for* SALE?"

– de "Vasoline"

"O que é de verdade? O que está à venda?"

GOSTO MAIS DE *PURPLE* QUE DE *CORE*. Apesar de todos os seus pontos fortes, no *Core* tivemos de fazer algumas concessões. Já *Purple* – por sabermos o que estávamos fazendo em termos de estilo musical e sonoridade em estúdio – foi mais honesto e autobiográfico. Também foi mais profundo e melancólico.

"Vasoline", por exemplo, é sobre estar preso na mesma situação várias e várias vezes. É sobre eu ter me tornado um viciado. É sobre mentir para Jannina e mentir para a banda sobre meu vício em heroína. "You search for things", escrevi, "that you can't see. Going blind, out of reach, somewhere in the Vasoline."[1]

"Unglued" aborda o mesmo tema. Estou viciado. "I got this thing", canto, "it's coming over me. [...] Moderation is masturbation [...] This confusion is my illusion [...] All these things I'm sick about [...] I kick about [...] Always come unglued."[2]

1 "Você busca aquilo que não pode ver. Ficando cego, fora de alcance, [preso] em algum lugar na vaselina."

2 "Tenho esse lance, está me dominando. [...] Moderação é masturbação [...] Essa confusão é minha ilusão [...] Todas essas coisas das quais estou de saco cheio [...] que me tiram do sério [...] Sempre perco a cabeça."

Outra história relacionada a drogas, "Pretty Penny" fala sobre mãe e filha viciadas que estão "blown away and lost the pearl and price [they] paid".[3]

"Interstate Love Song" foi inspirada nos telefonemas com Jannina. Ela perguntava como eu estava e eu mentia, dizendo que estava bem. Muito provavelmente eu tinha acabado de me drogar antes de ligar para ela. Imaginei o que passava por sua cabeça quando escrevi "Waiting on a Sunday afternoon for what I read between the lines, your lies. Feeling like a hand in rusted shame, so do you laugh at those who cry? Reply".[4]

E, no entanto, sentia falta dela, sentia pena dela. Esses sentimentos românticos foram expressos numa canção para Jannina chamada "Still Remains": "Pick a song and sing a yellow nectarine. Take a bath, I'll drink the water that you leave. If you should die before me, ask if you can bring a friend. Pick a flower, hold your breath, and drift away".[5]

O álbum também refletia minha opinião sobre a confusão que tomava conta da indústria fonográfica. Todo mundo parecia estar ganhando dinheiro de verdade, não importava se estivessem vivos ou mortos.

Quando o álbum ficou pronto, um repórter me perguntou:

– Por que se chama *Purple* [Roxo]?

– Porque soa roxo – respondi. – A propósito, que pergunta mais idiota. Por que a sua revista se chama *Spin*?

---

3 "Derrotadas, perderam a branquinha e o preço que pagaram."

4 "Esperando numa tarde de domingo pelo que li nas entrelinhas, suas mentiras. Sentindo-me como uma mão enferrujada de vergonha, então você ri daqueles que choram? Responda."

5 "Escolha uma música e cante uma nectarina amarela. Tome um banho, eu beberei a água que você deixar para trás. Se morrer antes de mim, pergunte se pode levar um amigo. Colha uma flor, prenda a respiração e vá para longe."

141
"WHAT'S REAL? WHAT'S FOR SALE?"

DEPOIS DE GRAVARMOS *PURPLE*, voltei para casa em Topanga Canyon, emocionalmente perturbado e incrivelmente carente. Eu precisava de estabilidade, precisava de cuidados. Levei Jannina à praia e a pedi em casamento.

Ela aceitou e sugeriu que a cerimônia fosse realizada na bela casa de seus tios em San Marino, lar dos velhos ricos de Pasadena, onde as ruas são repletas de mansões. O casamento foi uma extravagância só – família, amigos, magnatas da música. Fugi com os padrinhos para cheirar coca na limusine. Meu amigo Eddie Nichols, vocalista do Royal Crown Revue, cantou "Stormy Weather" [Tempo de tempestade], um bom indicativo do que estava por vir.

Jannina e eu fomos para as ilhas gregas na nossa lua de mel e ficamos em uma antiga alcova branca na encosta de uma montanha. Depois de alguns dias bebendo *ouzo* caseiro, voamos para Cancún e nadamos em águas tépidas. Eu ainda estava no processo de desmame da heroína, e tinha comprimidos de sulfato de morfina e Vicodin suficientes para me ajudar.

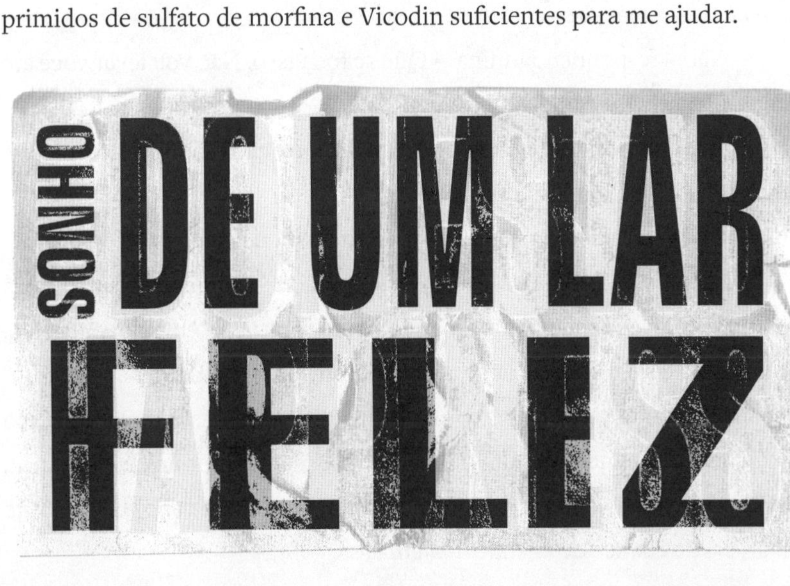

De volta para casa, Jannina ficou muito doente e foi parar no hospital, onde lhe aplicaram uma dose de morfina. Eu estava limpo havia dois meses, mas vê-la tomar a injeção disparou sirenes na minha cabeça, sobretudo quando vi tanta paz e quietude invadirem seu rosto. Saí do hospital atrás da minha traficante. Uma hora depois, estava abastecido.

Mesmo assim, perseguimos o sonho de um lar feliz. De seus tios, compramos a casa em que nos casamos – a casa dos sonhos de Jannina – e começamos a viver uma vida de luxo, colecionando carros e antiguidades.

UM ANO DEPOIS, AO VOLTAR DA TURNÊ do *Purple*, fui detido perto de casa em Pasadena por compra de drogas. Estava ficando descuidado.

Jannina pagou minha fiança.

– Estou em abstinência – disse-lhe. – Você tem que me ajudar. Você tem que me levar até minha traficante. Depois pensamos em como farei para me livrar, mas preciso resolver isso.

– Não – respondeu Jannina. – Que se foda isso. Não vou levar você até a sua traficante. Eu odeio aquela vaca!

Entrei no nosso Mustang conversível 1965 com Jannina ao volante. Implorei a ela que mudasse de ideia.

– É o meu remédio – insisti. – Preciso do meu remédio.

Jannina não cedia. Eu estava desesperado. Enquanto o carro fazia uma curva à direita indo a uns 20 quilômetros por hora, eu pulei para fora, bati no chão e saí rolando. Jannina nem olhou para trás. Ela já não aguentava mais. Eu estava tão ferrado que faria qualquer coisa para tomar um pico – qualquer coisa. Encontrei um orelhão e liguei para minha única esperança, a moça que vinha sendo minha fornecedora. Na minha cabeça, sabia que tinha 50% de chance de encontrá-la em casa.

Ela atendeu o telefone! Porra, que alívio!

– Você precisa vir aqui me pegar – implorei. – Você precisa vir me buscar.

– Sem chance. Se quiser, você que venha até aqui.

Tomei um táxi. O valor da corrida, mais o custo da droga, esgotou minha verba. Tudo o que me restava era um cartão de crédito. Abastecido, cheguei ao Chateau Marmont, o antigo hotel de Hollywood onde os artistas se hospedavam para viver ou morrer. Foi lá que dei de cara com outra das clientes mais assíduas da minha traficante: Courtney Love. Ela estava com a fotógrafa/socialite Amanda de Cadenet. Por ironia do destino, o quarto delas ficava ao lado do meu. Naquela noite, Courtney e eu ficamos chapados enquanto ela e Amanda se vestiam para ir jantar na casa de Jack Nicholson. Durante algum tempo, a sra. Love inseriu-se na minha história cada vez mais errática. Nunca fomos amantes, mas chegamos bastante perto no início. Ela era essa personagem intrigante que exigia constante atenção. Quando ela ficava naquele estado semiconsciente causado por uma alta dose, nunca deixava de sentar-se em uma cadeira e abrir bem as pernas. Na minha cabeça, os Stones cantavam "Oh yeah, she's a starfucker, starfucker, starfucker, starfucker!".[6]

Quando a notícia da minha detenção em Pasadena veio a público, eu ainda estava no Marmont e festejava dia e noite. A imprensa insistia para que eu me manifestasse a respeito da prisão por posse. Não queria ir à televisão, por isso escrevi um comunicado e pedi a Courtney para ler em meu nome. Ela adorou ser minha porta-voz. Em suma, eu disse que

6 "Oh yeah, ela gosta de transar com celebridades!"

nunca fui defensor das drogas, que não estava na minha melhor forma, mas esperava melhorar.

Não foi uma afirmação lá muito contundente, mas nessa altura eu não era um homem lá muito contundente. Estava tateando, sofrendo e ficando cada vez mais fodido com a heroína, uma droga que simultaneamente me fazia sentir mal, me sentir bem e me sentir mal por me sentir bem. A confusão tomou conta. O barulho dentro do meu cérebro era mais alto do que o de uma dezena de bandas de metal. Só a heroína podia ligar o silêncio. Só a heroína me levava ao lugar onde a vergonha, a culpa e o remorso eram magicamente eliminados.

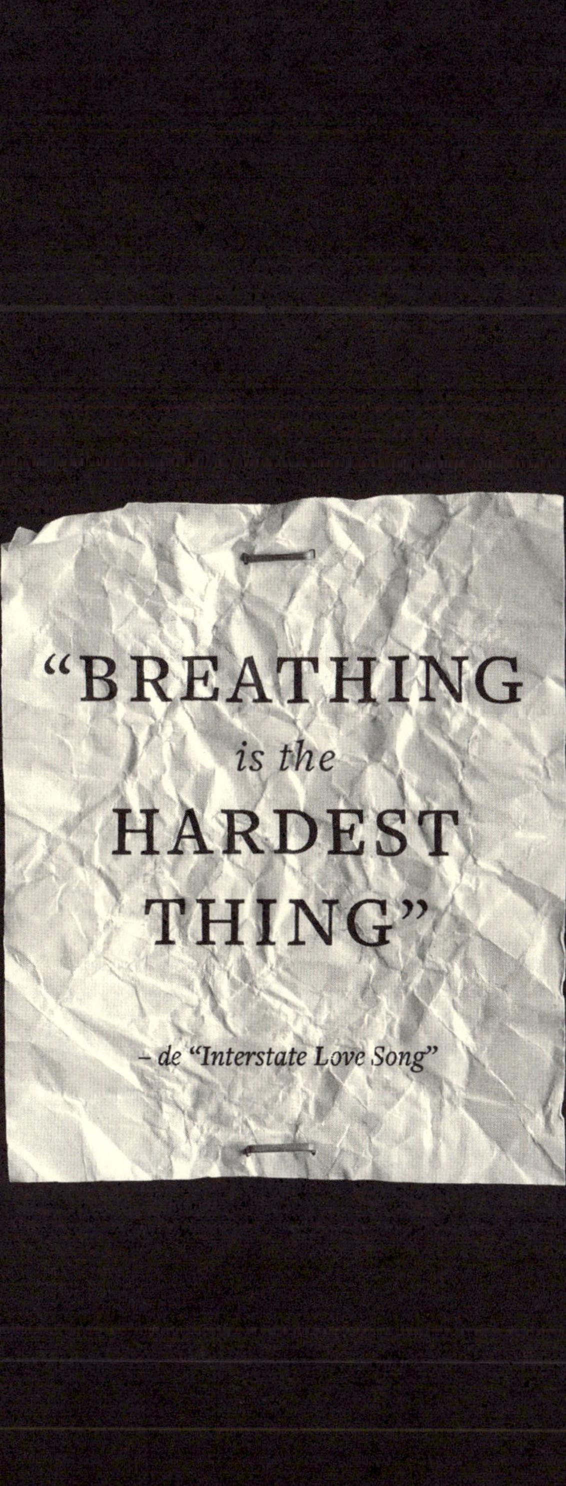

“Respirar é o mais difícil.”

EM 1995, AINDA FORTEMENTE VICIADO, comecei a gravar o terceiro disco do STP, *Tiny Music... Songs from the Vatican Gift Shop*. A gravação se deu na enorme mansão do famoso ator de cinema Jimmy Stewart, em Santa Bárbara. Tínhamos tudo o que queríamos – total privacidade, cozinheiro particular, tranquilidade absoluta. Mas mesmo no ambiente mais suntuoso para se fazer música, roqueiros podem transformar o céu em inferno. Eu, pelo menos, posso. Artisticamente, Dean, Robert, Eric e eu estávamos na mesma página. Queríamos passar uma mensagem. Queríamos desconstruir, ser minimalistas, chegar ao âmago sombrio da questão. Fiquei feliz em escrever letras de fluxo de consciência ao estilo Bowie que não precisavam fazer sentido. Como "Big Bang Baby":

Does anybody know how the story really goes
Or should we all just hum along
Sell your soul and sign an autograph
Big bang baby, it's a crash, crash, crash
I wanna cry but I gotta laugh
Orange crush mama is a laugh, laugh, laugh[1]

1 "Alguém sabe de verdade como a história se desenrola/ Ou todos devemos apenas acompanhar cantarolando/ Venda sua alma e dê um autógrafo/ Big bang baby, é um impacto, impacto, impacto/ Quero chorar, mas tenho que rir/ A mulher do Orange Crush é uma piada, piada, piada."

A piada, no entanto, era eu. Eu estava no auge – ou no abismo – do meu vício. Injetando coca. Injetando heroína. Descendo a Highway 101 a cada três dias em direção a Los Angeles para comprar droga e subindo de volta. Jannina me ligava o tempo todo. Onde é que eu estava? O que eu estava fazendo? Ela morria de preocupação.

– Não se preocupe – eu assegurava. – Estou bem.

Quando o STP decidiu voar até Atlanta para terminar o disco, levei a tiracolo o irmão de Jannina, Tony, que, embora viciado, não era tão insanamente viciado como eu – apenas mais insanamente bêbado. Eu estava ficando cada vez mais paranoico. Quando Tony precisou de uma pausa, eu trouxe meu amigo Ron Kaufman para me ver. Mas ninguém poderia realmente ajudar. Quando apaguei na limusine em frente ao hotel, ninguém conseguia me acordar. Fiquei desmaiado no banco de trás durante seis horas seguidas.

Em muitos aspectos, *Tiny Music* é um disco sombrio.

"Lady Picture Show", um dos carros-chefes, é sobre o estupro coletivo de uma dançarina que acaba se apaixonando, mas não consegue se livrar da dor.

"Trippin' on a Hole in a Paper Heart" reflete minha avidez por redenção. "Break your neck with diamond noose", escrevi. "It's the last you'll ever choose. I am, I am, I said I'm not myself, but I'm not dead and not for sale. Hold me closer, closer, let me go, let me be, just let me be."[2]

"Adhesive" sou eu no meu momento mais depressivo. Essa música é o fundo do poço: "Comatose commodity. The superhero's dying. All the

2 "Quebre seu pescoço com uma forca de diamante, será a sua última escolha. Eu sou, eu sou, eu disse que não sou eu mesmo, mas não estou morto nem à venda. Me abrace mais apertado, mais apertado, me solte, me deixe em paz, só me deixe em paz."

children crying. Sell more records if I'm dead. Purple flowers once again. Hope it's sooner, hope it's near. Corporate records, fiscal year [...] Stitch the womb and wet the bed. With a whisper I'll be dead".[3]

QUANDO *TINY MUSIC* FOI LANÇADO, alguns críticos disseram ter ouvido influência da banda Redd Kross. Eles não estavam totalmente equivocados. Depois de *Purple*, nós havíamos feito uma turnê com o Redd Kross. Do final da adolescência até meus 20 e poucos anos, eu era fã de carteirinha deles.

Eddie Kurdziel, o excelente guitarrista do Redd Kross e amigo meu e do Dean, foi uma baixa dos anos 1990. Ele morreu de overdose em 1999. Será que nosso fascínio pela heroína havia influenciado Eddie a experimentá-la? Não tenho como saber. Mas suspeito que sim. E, se for esse o caso, lamento profundamente.

O Redd Kross tinha uma atitude extravagante, às vezes frívola, que eu admirava. Eram muito influenciados pelos Beatles, assim como nós. Fazia anos que eu estudava os Beatles com amor e cuidado. Poderia se dizer o mesmo sobre o Cheap Trick, que abriu nossos shows durante uma etapa da turnê do *Tiny Music*. Nossas influências vinham de todos os lugares. Se seu coração e seus ouvidos estiverem abertos – como os nossos –, você consegue absorver o mundo à sua volta.

Core aconteceu.

Purple aconteceu.

Tiny Music aconteceu.

3 "Produto comatoso. O super-herói está morrendo. Todas as crianças estão chorando. Vendam mais discos se eu morrer. Flores púrpura outra vez. Espero que seja logo, espero que esteja próximo. Registros corporativos, ano fiscal [...] Costure o útero e molhe a cama. Com um sussurro, estarei morto."

A heroína aconteceu.

Jannina aconteceu.

Mary aconteceu.

Riqueza aconteceu.

Fama aconteceu.

Quanto mais eu ganhava, mais eu perdia. Quanto mais eu perdia, mais eu queria. Quanto mais eu queria, mais eu desperdiçava. Quanto mais eu desperdiçava, mais eu vagava sozinho. E me questionava. Ia às ruas, aos becos, às passagens escuras que me ligavam à morte e aos melhores amigos dela.

"CONFUSION IS MY ILLUSION"

– de "Unglued"

"Confusão é a minha ilusão."

STP – UM FENÔMENO MUSICAL. Uma revolução cultural. Capa da *Rolling Stone*. Treze passagens pela reabilitação em três anos. Eis os bastidores de *Tiny Music* em 1996-1997.

Os caras – Robert, Dean, Eric – sabiam que eu estava na pior.

– Você é nosso irmão – disseram. – Fala pra gente o que está acontecendo. Não queremos saber pelos jornais. Queremos ouvir de você primeiro.

Fraternidade. Solidariedade. Dinheiro em jogo. Íamos ganhar 1 milhão de dólares por um show em Anchorage e dois no Havaí. Após tocarmos no *Tonight Show with Jay Leno*, criei coragem e conversei de homem pra homem com Dean, Robert e Eric.

– OK, pessoal – eu disse. – Vou abrir o jogo com vocês. Tenho tomado pico de vez em quando. Mas estou medicado o suficiente para dar conta de fazer esses shows. E vou levar um camarada sóbrio comigo, às minhas custas, para garantir que me manterei na linha.

Quando dei por mim, meus próprios "irmãos" haviam convocado uma coletiva de imprensa e cancelado os shows, dizendo ao mundo que a turnê não podia continuar, basicamente, por causa de seu vocalista viciado.

Foi uma atitude cruel, ainda mais quando "nossos" advogados exigiram que eu *lhes* pagasse – do *meu* próprio bolso – o milhão de dólares em razão do cancelamento.

Eu estava farto. Eu estava fora.

Eu estava de volta à reabilitação.

Eu estava fora da reabilitação.

Eu estava de volta ao vício.

Eu estava casado com Jannina e, num desses períodos de semirrecuperação, fui para casa e a encontrei com outro homem. Ela chorou, pediu desculpa, sentiu-se péssima, mas eu me senti ainda pior. Eu disse:

– Olha, do jeito que eu te tratei, isto não é culpa sua.

O casamento acabou. O divórcio levou uma eternidade e me custou uma fortuna.

"I'M *a* SELFISH PIECE *of* SHIT"

– de "Barbarella"

"Sou um merda egoísta."

NO QUE DIZ RESPEITO A BANDAS, sempre estive meio fora e meio dentro. Minha natureza é a de um artista individual. Posso ficar entusiasmado por me juntar a uma equipe e ir em busca do ouro; posso até ser o que veste a camisa com mais fervor, mas não por muito tempo. Sem dúvida, o STP nasceu da minha alma – e da alma de Robert, Dean e Eric. Enquanto escrevo, o STP está terminando de gravar um novo álbum e o reencontro está sendo bom, orgânico até, porque o impulso inicial da banda teve um mérito artístico genuíno. Espero que o STP perdure, tanto na estrada quanto em estúdio. Nossa relação com os fãs baseia-se numa paixão partilhada e numa história de quase vinte anos. Criativamente, continuamos a inspirar uns aos outros, e espero que todos envelheçamos juntos, mas não vestindo calças de couro apertadas. Prefiro uma postura mais elegante – Bryan Ferry, David Bowie.

Ao mesmo tempo, ser meio bicho do mato continua a fazer parte de quem sou. O padrão é bem evidente: quando briguei com o STP depois de *Tiny Music*, saí e gravei meu primeiro álbum solo, *12 Bar Blues*. Quando mais tarde briguei com o Velvet Revolver, a banda a que me juntei depois do STP, saí e gravei meu segundo álbum solo, *Happy in Galoshes*. Ambos os trabalhos me trouxeram profunda satisfação. Foi também uma maneira de dizer a meus colegas de banda:

– *Ciao*, até logo, *buenas noches*.

Mas, independentemente da minha raiva temporária, eu precisava de algum tempo artístico longe do STP.

Em *12 Bar*, eu refletia sobre estar sozinho, refletia sobre como havia machucado Jannina. Na música "The Date" – que escrevi, gravei e mixei em cerca de uma hora e na qual toquei todos os instrumentos –, cantei: "she waits for a date and yet she knows that he's not coming".[1] Eu estava em uma fase Lennon dando seu grito primal. Não se tratava de fazer músicas belas; era pura emoção. Fiquei contente, porém, quando Daniel Lanois a chamou de a mais bela das minhas canções.

Essa pura emoção impulsionou também "Mockingbird Girl", que eu tinha escrito quando, durante um curto período, fiz parte de um grupo chamado The Magnificent Bastards, um projeto paralelo que me permitiu assumir novos tipos de riscos musicais. A banda foi uma desculpa para uma grande canção e um monte de seringas quebradas. "Mockingbird Girl" é sobre um amigo que se apaixona por uma garota com a qual não consegue manter um relacionamento. Foi usada em um filme chamado *Tank Girl – Detonando o futuro*, e, a meus ouvidos, soa como os Beatles com o toque de George Martin.

RISCOS MUSICAIS

1 "Ela espera por um encontro e, no entanto, sabe que ele não vem."

Enquanto estava no estúdio trabalhando em *12 Bar*, por acaso olhei para a TV, onde estava passando o filme *Barbarella*. Fiquei fascinado. Escrevi uma canção com esse título. A letra é confusa, mas, ao lê-la hoje, vejo meu desejo de que uma mulher forte e poderosa viesse e me curasse de tudo. "You play the game", escrevi. "I'll masturbate and sing a lullaby. You run the race. I'll pay the miles. You sing the pink love fuzz and dance the musty queer. I'll stay at home 'cause I'm the mouse. So high that I can't fly..."[2]

Fiquei muito feliz – e honrado – quando Sheryl Crow aceitou participar de "Lady, Your Roof Brings Me Down".

Quando escrevi "Where's the Man", estava morando sozinho num apartamento alugado – separado de Jannina – e profundamente arrependido. "Where's your man, he's lost and gone again. What's your name? The name behind the shame."[3]

Eu estava completamente tomado pela vergonha. Ainda viciado em heroína. Queria me livrar, mas não sabia como.

12 Bar Blues não foi de forma alguma um êxito. Não vendeu nem perto dos números do STP, mas foi aclamado pela crítica. Não fiquei surpreso, porque muito dele soa como se fosse de outro planeta – meu endereço residencial na época. Talk Show, a banda que os outros caras do STP formaram com o vocalista do Ten Inch Men, Dave Coutts, foi vítima do mesmo insucesso.

Eu estava chateado, mas decidi fazer uma turnê mesmo assim. Formei uma banda exclusivamente masculina chamada Scott Weiland and the

2 "Você joga o jogo. Vou me masturbar e cantar uma canção de ninar. Você corre a corrida. Vou compensar a distância. Você canta o *fuzz* de amor cor-de-rosa e dança a antiquada excentricidade. Vou ficar em casa porque sou o rato. Tão chapado que não consigo voar..."

3 "Onde está o seu homem? Está perdido e distante outra vez. Qual é o seu nome? O nome por trás da vergonha."

Action Girls. Quando tocamos em Nova York, fui ao centro da cidade para comprar droga no meu antigo reduto no Lower East Side, mas eu não fazia ideia que os tempos eram outros. Não tinha mais como comprar droga facilmente e sem obstáculos. Saindo de um desses conjuntos habitacionais asquerosos com um novo carregamento no bolso, fui pego por dois policiais. O relações-públicas da Atlantic Records pagou minha fiança. Eu estava tão doente que alguém sugeriu que eu tentasse a chamada desintoxicação de opiáceos de uma noite. Eles te colocam para dormir e você acorda como se tivesse sido atropelado por um caminhão. O problema foi que os putos não me deram o suficiente para me manter apagado. Acordei com uma baita abstinência, cagando, vomitando, com cólicas e gritando:

– Socorro! Socorro!

Uma enfermeira entrou e disse que nada poderia ser feito até que eles localizassem o médico. Foram 30 minutos de agonia até que ele chegasse.

Voltei para Los Angeles, onde outra reabilitação me aguardava.

"QUER GRAVAR *um* DISCO *de* ROCK?"

Essa foi a pergunta que Dean me fez pelo telefone.

– Não sei – respondi. – O que você tem em mente?

– Um disco de rock visceral. Sem exageros. Apenas o bom e velho rock'n'roll. Uma volta às origens.

Curti a ideia. No entanto, não curti a ausência de um pedido de desculpas de Dean, Robert ou Eric por terem me detonado em público. Ainda guardava muito ressentimento. Mas fui pragmático – assim como eles. Se meu álbum solo tivesse sido um grande sucesso, ou se o disco do Talk Show tivesse vendido milhões em vez de milhares de cópias, provavelmente não estaríamos conversando. Mas Dean ligou com essa ideia que parecia promissora.

– Além disso – prosseguiu ele –, estamos construindo um legado. É importante ficarmos juntos e não deixarmos que nenhuma merda nos separe.

Então nos reunimos e começamos a tocar. Meu plano de continuar trabalhando sozinho foi engolido pela oportunidade de lançar um ótimo disco com o STP e ganhar muito dinheiro.

A verdade sobre trabalhar sozinho é esta: mesmo durante os períodos em que me afastei das minhas bandas, muitas vezes me envolvi com outro colaborador. Nesse sentido, ninguém esteve mais próximo de mim do que Doug Grean, irmão de alma até o último fio de cabelo. Quando o conheci, estava montando meu estúdio de gravação e Doug tinha alguns equipamentos que eu poderia usar. Ele se apresentou como engenheiro de som e, em razão disso, começamos a trabalhar em conjunto.

Não demorou muito para eu ver que, mais do que um engenheiro de som, ele era um exímio guitarrista, cultivado no solo fértil do funk de Nova Orleans, capaz de tocar qualquer gênero musical. Além disso, Doug provou ser um compositor de mão cheia. Em pouco tempo, nos alinhamos e nos tornamos parceiros. Doug encarou diferentes instrumentos – vários teclados e a complicada guitarra havaiana –, ampliando nossa paleta musical. Também comecei a brincar com teclados, embora minhas contribuições fossem principalmente sons e temperos ao estilo Brian Eno.

Doug foi um importante colaborador para o novo álbum do STP, que batizamos de *No. 4*.

Todas as canções foram escritas presencialmente. Brendan O'Brien, nosso brilhante produtor de longa data, nos encorajou a simplesmente nos entregarmos de corpo e alma. O resultado foi, pelo menos na minha opinião, um bom disco de rock genérico. O que deu o pontapé inicial, porém, foi um single – "Sour Girl" – que se tornou o maior sucesso da carreira do STP. O fato de termos criado um videoclipe bem esquisito para acompanhar a música não atrapalhou. Desde o seu lançamento, todos juram que a letra é a respeito de meu romance com Mary. Mas todos estão errados.

"Sour Girl" foi escrita após o fim do meu relacionamento com Jannina. É sobre ela. "She was a sour girl the day that she met me", escrevi. "She was a happy girl the day that she left me [...] I was a superman, but looks are deceiving. The roller-coaster ride's a lonely one. I pay a ransom note to stop it from steaming."[1]

---

1 "Ela era uma garota amarga no dia em que me conheceu. Ela era uma garota feliz no dia em que me deixou [...] Eu era um super-homem, mas as aparências enganam. O passeio de montanha-russa é solitário. Pago um resgate para evitar que as coisas esquentem."

O resgate pago, obviamente, era a fortuna que nosso divórcio estava me custando. E a felicidade, que presumi ser o estado de espírito de Jannina, devia-se ao fato de ela finalmente ter se livrado de um homem que nunca lhe fora fiel.

"I Got You" é outra música na qual reflito sobre Jannina e sobre como, vez ou outra, ela tentou me salvar de mim mesmo. Escrevi: "I got you, but it's the craving for the good life that sees me through troubled times, when the mind begins to wander to the spoon. And I got you because you're there to bend and nurture me through these troubled times".[2]

"And I don't believe it", diz a letra de "Church on Tuesday", "is she really gone again?".[3] É Jannina que se foi, Jannina que afastei, a família de Jannina que visualizo na igreja, rezando para que um homem honre sua filha da maneira que nunca honrei.

Quando *No. 4* ficou pronto, a jogada lógica seria fazer uma turnê para divulgá-lo e informar nossos fãs de que o STP estava de volta e mais forte do que nunca. O único problema, porém, era que eu estava mais fraco do que nunca. Eu ainda estava me drogando. Eu estava no meio de um romance tempestuoso com Mary. E, por fim, eu não estava disponível para divulgar o álbum porque, quando chegou a hora de começar a turnê, fui parar atrás das grades.

---

2 "Tenho você, mas é o desejo pela boa vida que me ajuda a superar momentos difíceis, quando a mente começa a ir em direção à colher. E tenho você porque está disposta a se sujeitar e cuidar de mim nesses momentos difíceis."

3 "E não acredito; ela foi embora outra vez?"

"The PAINTED CLOWN"

– de "Lady, Your Roof Brings Me Down"

MEU PLANO SEMPRE FOI EVITAR A CADEIA. A reabilitação era minha única esperança. Foi o que o tribunal disse. E eu já sabia.

No entanto, quando dei entrada na reabilitação, a química emocional mudou assim que uma enfermeira me deu um bilhete onde li: "Mary Forsberg está procurando por você".

Meu coração começou a bater forte, meu pulso acelerou. Aparentemente, Mary havia tido problemas com drogas e queria me acompanhar nessa casa de recuperação. Parte de mim queria que ela fizesse o *check-in*. Mas outra parte, mais inteligente, sabia que era uma péssima ideia.

Pedi às pessoas que dirigiam a clínica para não a aceitarem. Mary encontrou outro lugar para se tratar, mas saiu alguns dias depois. Na semana seguinte, no meu aniversário, ela me enviou um cartão. Tudo o que estava escrito era "Feliz aniversário, querido!". E era tudo o que precisava ser dito. Tive calafrios.

Queria vê-la e, após me mudar para uma casa de transição, saí à procura dela. Na época, ela morava na casa de Charlize Theron, que estava em reforma. Alguns dias depois, fiz o que desejava fazer: fui morar com Mary. Estávamos perdidamente apaixonados.

Perdidamente.

UM TEMPO DEPOIS, estávamos morando juntos num apartamento perto de Miracle Mile, no centro de Los Angeles. Também estávamos cheirando coca juntos. Isso foi antes de nos casarmos e termos filhos. Eu estava num vai e vem com a heroína quando Mary e eu fomos a uma festa onde um velho amigo me ofereceu um pico. Eu aceitei. Mary ficou aflita; me implorou para que eu não o fizesse, mas foi incapaz de me dissuadir.

– Bem – disse ela –, se não posso te impedir, quero tomar também. Quero saber como é. Quero saber o que *você* sente quando faz isso.

– Você já cheirou uma vez.

– Mas não senti nada. Quero injetar.

– Só uma vez – eu disse. – Uma vez e não se fala mais nisso.

Ela concordou.

Preparei tudo. Ela amarrou o braço. Após injetar nela, a vi cair num êxtase suave.

Mais tarde, ela disse:

– Senti mais paz do que jamais senti na vida.

Ela imediatamente soube por que eu fazia o que fazia.

Minha música "Bi-Polar Bear", lançada em 2002, gira em torno de algo que eu havia descoberto sobre mim e Mary anos antes: a bipolaridade. Amigos e colegas diziam que talvez minha condição de viciado e o comportamento errático e as mudanças de humor incontroláveis dela fossem mais do que mera volatilidade. Então fomos a um psiquiatra especialista nesse tipo de avaliação. Nós dois passamos no teste com nota máxima. Ambos éramos ursos bipolares. A letra diz:

So I'm halfway letting go again
I'm halfway full on

Left my meds on the sink today
My head will be racing by lunchtime[1]

Meu romance com Mary sempre pareceu uma corrida – ela me alcançando, eu a alcançando. Terminávamos, fazíamos as pazes e começávamos tudo de novo. Ela me afastava. Eu a afastava. Mas eu precisava dela tanto quanto precisava daquelas drogas lindamente destrutivas. Durante meses, éramos felizes juntos, protegendo-nos mutuamente da crueldade de um mundo que não conseguia nos compreender. Só nós nos entendíamos. Então, durante meses, ficávamos separados, percebendo a inutilidade de tentar forjar dois espíritos que se moviam em direções opostas.

UMA MÚSICA QUE PRECISO ESCREVER:

Trata-se de uma stripper com quem namorei depois de terminar com Jannina e numa fase em que estava brigado com Mary. Assim que cheguei em casa, essa dama complacente caiu de joelhos para me dar prazer. Meia hora depois, ela estava atirando pratos na minha direção. Tenho o título – "Flame Thrower" –, mas a melodia permanece detida em algum lugar da minha imaginação.

QUANDO MARY E EU SUPERAMOS AS BRIGAS e prometemos ficar juntos, as drogas sempre estiveram na jogada. Depois daquele primeiro barato dela, não demorou muito para que estivéssemos chapados o tempo todo. Nossa forma atípica de felicidade doméstica foi interrompida quando fui conde-

1 "Então, estou a meio caminho de desistir novamente/ Estou a meio caminho de estar completo/ Deixei meus remédios na pia hoje/ Minha cabeça estará a mil na hora do almoço."

nado a morar em uma casa de transição. Durante o dia, porém, eu saía de lá a fim de encontrar com Mary, para que pudéssemos ficar chapados juntos.

AQUI ESTÁ UM TRECHO DO DIÁRIO que eu mantinha naquela época:

Por mais acalorada que seja a paixão entre nós – paixão essa que beira a obsessão mútua –, fazemos tudo juntos, e tudo é uma aventura. Somos Bonnie e Clyde, rock'n'roll. Inferno sobre rodas. Sabemos que vamos bater, mas continuamos. Arranjamos um lugar em Hollywood. Requinte hispano-marroquino. Perfeito para quem pensamos que somos. Estamos em uma jornada de speedball – heroína e coca – de proporções lendárias. Mary é nova nisso, mas nunca vi ninguém chegar a um nível tão alto em um intervalo tão curto de tempo. Mary é meu par, minha semelhante, meu coração, minha alma, meu amor, minha droga. A jornada nos leva de costa a costa, ostentando com os seus amigos da moda em Nova York, confraternizando com estrelas de cinema em Los Angeles. Mas o que sobe tem que descer – e desce. Pra valer. Depois de um tempo, somos os únicos que nos veem com saúde e boa aparência. Não damos conta de manter compromissos. Torramos centenas de milhares de dólares. Nossos amigos começam a questionar cada passo que damos. Alguns deles desaparecem. Começamos a nos questionar. Não vejo problema em sentir desprezo por mim mesmo, mas não suporto ver Mary desprezar a si mesma.

DOENTE E CANSADO DE ESTAR DOENTE E CANSADO, decidi largar o vício de uma vez por todas. A casa de transição não estava funcionando, por isso fui a um médico que pudesse me prescrever comprimidos. Ele me deu o remédio errado. As coisas que ele receitou me provocaram uma convulsão imediata e violenta. Calafrios, febre, suor, tremores. Vomitei e caguei a alma. Chamei Mary e pedi:

– Me leve até um hospital.

Os médicos tentaram anular os efeitos dos comprimidos nocivos com morfina e valium líquido. Minha pele estava queimando, meu estômago embrulhava; eu não conseguia parar de vomitar, tremer e cagar. Enquanto os médicos procuravam freneticamente maneiras de me manter em paz, Mary saiu de fininho do meu quarto de hospital e foi até o carro, para injetar *speed*. Foi uma das noites mais loucas da nossa vida louca.

Na manhã seguinte, quando a enfermeira entrou no quarto, viu Mary deitada em cima de mim, nós dois apagados de exaustão por drogas. Nos colocaram em cadeiras de rodas e nos tiraram de lá. A conselheira, que havia tratado Mary e eu, estava ali parada com as mãos nos quadris. Ela suspirou e disse:

– Mary e Scott, o que diabos eu vou fazer com vocês dois?

O hospital ligou para o diretor da casa de transição, que ligou para o juiz e relatou meu desvio de comportamento. Fui intimado a comparecer ao tribunal e condenado.

Mary e eu, dois drogados apagados um em cima do outro numa cama de hospital.

Romântico, né?

Podemos ter estado lado a lado em cadeiras de rodas, mas eu que fui para a cadeia para ficar sóbrio. Mary, ao menos por ora, continuou chapando. Encontrou um amigo e usou a porra toda.

QUERO APRENDER TUDO,
EXPERIMENTAR TUDO.
FELICIDADE E DOR.
DIFERENCIAR A VERDADE
DA MENTIRA.

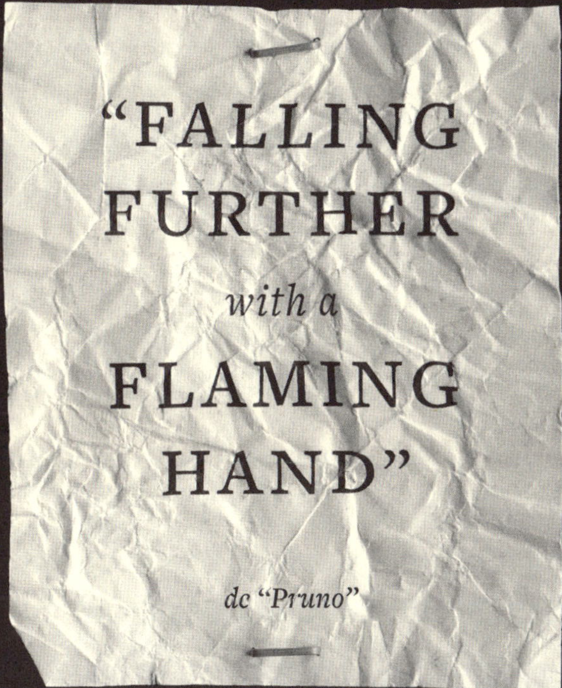

"FALLING FURTHER *with a* FLAMING HAND"

dc "Pruno"

"Despencando com a mão em chamas."

O juiz me condenou a um ano, pena que foi reduzida para cinco meses e meio. Felizmente, evitei a prisão do centro da cidade e fui colocado em um programa antidrogas gerido em um antigo campo de concentração para japoneses na Califórnia. Dormíamos em alojamentos em vez de celas. Fomos divididos em turmas de trabalho, sem privilégios dignos de menção, mas tivemos a sorte de ter sessões de terapia. Foi utilizado um modelo de doze passos, com o qual já estava familiarizado. Entendia o conceito de admitir a impossibilidade de controlar meu vício, reconhecer um poder superior e a necessidade de entregar minha vida a esse poder, em oposição à minha própria força de vontade debilitada. Eu precisava abrir mão da minha obstinação, do meu ego e da minha necessidade de estar no controle. A pergunta era: será que eu conseguiria?

Pelo menos eu me dava bem com os outros internos. Tínhamos mais medo dos conselheiros linha-dura do que uns dos outros. A única coisa que queríamos evitar era ser enviados ao Sistema – a população carcerária geral. Os conselheiros tinham o poder de nos mandar para lá num piscar de olhos. Nem sequer precisavam de motivo para tal. Trabalhei arduamente para não lhes dar motivo e consegui.

Mary escrevia para mim praticamente todos os dias. Eram cartas de extrema paixão e saudade. Eu respondia com palavras de amor igualmente apaixonadas. Minha querida mãe também escrevia. Assim como meu padrasto e até mesmo meu pai biológico, Kent, mas ninguém sabia realmente o que dizer. A verdade é que, depois de ter feito merda inúmeras vezes, eu tinha finalmente ido em cana.

O que salvou foi a música. Com o Natal de 1999 se aproximando, organizei um musical. Em nosso grupo de canto, havia negros, skinheads e latinos, mas a harmonia prevalecia.

Atrás das grades, me senti bem. Era ótimo estar longe das drogas, fazer exercícios, participar de terapia, ler livros e montar um coral. Era ótimo estar na linha. Meu objetivo – como sempre – era me manter na linha. Meu objetivo era deixar o pesadelo dos opiáceos para trás. Eu tinha todos os motivos para viver. Mary e a música estavam à minha espera.

O que poderia dar errado?

QUERO SABER QUANTO CUSTA
O ALUGUEL NO CÉU.
AINDA QUERO SABER
AONDE VAI O RIO...

Dança nupcial ao som de "At Last"

Mary imaginava este momento desde o dia em que me conheceu

REGENERAÇÃO DA ALMA BENEVOLENTE

"Celebrate the immoral youth that wasted you
Peel the skin back from all the lies that blistered you"[1]

– DE "REGENERATION"

LIVRE DA PRISÃO, PRONTO PARA O ROCK – e pronto para divulgar mais uma vez o *No. 4* –, juntei-me ao STP para relançar o disco. A campanha se deu em duas frentes: primeiro, Dean e eu percorremos o país, tocando versões acústicas das músicas em estações de rádio selecionadas. Em seguida, a banda completa saiu em turnê conjunta com o Red Hot Chili Peppers. Eu era muito fã deles em seus primórdios e estava feliz por estar excursionando com os caras. A maioria dos críticos achou que dominamos os shows. O Red Hot não ficou contente com essas resenhas, mas uma pequena competição amigável entre bandas de rock faz bem para os fãs. E estar perto de um grupo tão poderoso certamente trouxe à tona o nosso melhor.

CASEI-ME COM MARY FORSBERG EM 2000 no restaurante Little Door, em Los Angeles. Cerca de 120 pessoas compareceram. Como eu era divorciado, um padre católico não poderia nos dar sua bênção, mas um rabino liberal, com profundo respeito por todas as teologias amorosas, oficiou e sugeriu

1 "Celebre a juventude imoral que te desperdiçou/ Descasque a pele de todas as mentiras que te formaram bolhas."

que escrevêssemos nossos próprios votos. Eu disse que já tinha me apaixonado antes, mas que meu coração fora partido. Tinha me casado uma vez e pensara saber o que era o amor. Mas fora Mary quem me ensinara o significado do amor, do amor verdadeiro. Chamei-a de minha alma gêmea, de meu tudo.

To the WOMAN who I AM going TO SPEND the Rest of my life with...
TO MARY WEILAND

Will you MARRY me MARY?

YES [X] NO [ ]

COMMENTS: I PROMISE to love you with all of my heart for the rest of my life. I will take care of you forever no matter what. I will give you beautiful healthy children. you will Always feel loved As long as Im Alive.
I Love you more than anything, my beautiful husband.

It is OFFICIAL. THIS is A BINDING LEGAL DOCUMENT, VALID IN All Cities IN All STATES IN EVERY COUNTRY OF the WIDE, WIDE WORLD.

SMALL (NOT EXCLUSIVE to this solar SYSTEM IN FACT this is All UNIVERSE INCLUSIVE) PRINT

BRIDE

X Mary Forsberg
Mary H. FORSBERG
AKA - mary Weiland

GROOM

X S. Weiland
SCOTT R. WEILAND

Anúncio do nascimento de Noah

Birth

Noah Mercer Wieland

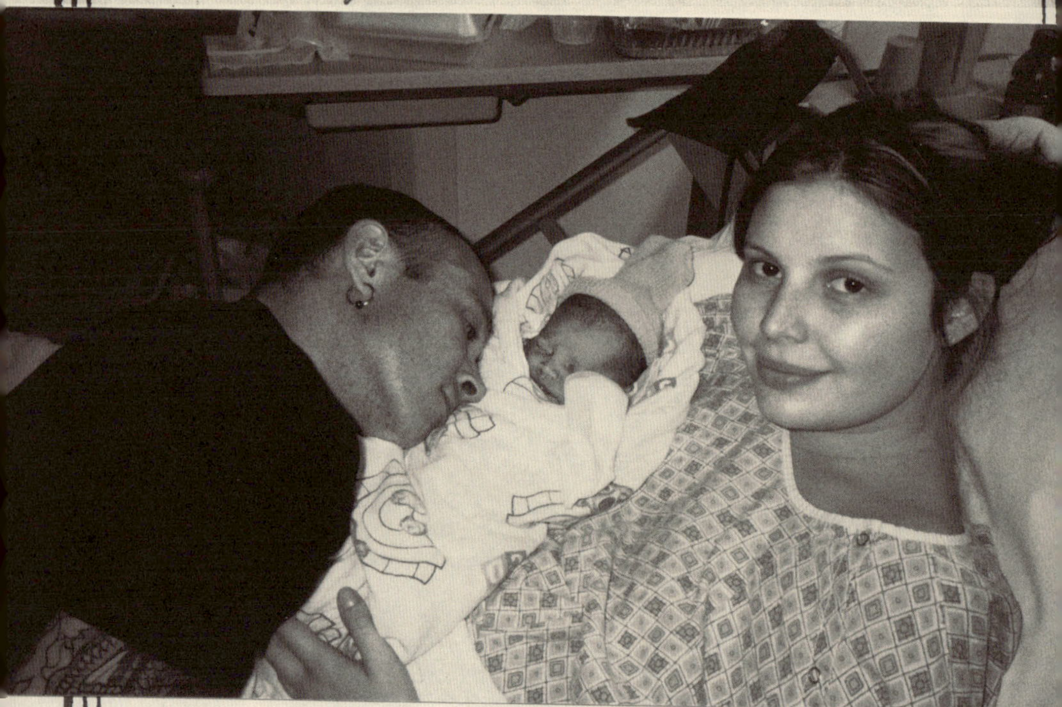

This is me, My mom and My dad in the hospital just after I was born. I was born in Berverly Hills, Calif.

NOAH

MARY ESTAVA GRÁVIDA DE OITO MESES de nosso filho, Noah. Estávamos no restaurante Sushi, na Sunset, em Los Angeles. Mary e eu nos levantamos e fomos ao banheiro unissex. Quando entramos, alguns universitários vieram atrás. Fechamos a porta. Impacientes para usar o banheiro, os caras bateram na porta com força. Saí para pedir um pouco de calma.

– Qual é – eu disse. – Tenham respeito.

Eles me chamaram de bicha. Eu os mandei se foderem. Eles vieram para cima de mim. Um deles me deu uma cabeçada. Ouvindo o alvoroço, Mary saiu do banheiro e deu um soco na cara do meu agressor.

MARY DEU À LUZ NOSSO FILHO, NOAH, EM 2000. Foi um dos momentos mais bonitos da minha vida. Eu estava sóbrio havia 18 meses, um pequeno milagre. O milagre maior foi Noah. Quando ele fez sua entrada triunfal no mundo, eu estava bem ali no quarto do hospital para cumprimentá-lo. Meu coração se encheu. Nunca tinha vivenciado tamanha alegria. No álbum seguinte do Stone Temple Pilots, *Shangri-La Dee Da*, canto "A Song for Sleeping" para o Noah:

Will you tell me the little things?
What does God look like?
And angels' wings?
I don't remember these things
So would you teach them to me?
For the moment
I'll watch you breathe[1]

1 "Você me contará as pequenas coisas?/ Como é a aparência de Deus?/ E das asas dos anjos?/ Não me lembro dessas coisas/ Então, ensinaria para mim?/ Por enquanto/ Observarei você respirando."

Eu e Noah

Com Usher e Clive Davis

O DEMÔNIO *à luz* DO DIA

Take a bath with consecrated water from the shrine
and wash away the mud of all the miles you left behind
Triplicates and wedding rings both lethal to obtain
So batten down the credit cards, the devil's in the den[1]

– DE "TRANSMISSIONS FROM A LONELY ROOM"

MÚSICAS NOVAS, ÁLBUM NOVO, casamento novo, filho novo. Naquele momento, Doug Grean era meu estupendamente criativo braço direito. Ele ajudou a mim e aos outros caras a reunir o punhado de canções que, no fim das contas, se tornaria *Shangri-La Dee Da*. Desta vez, em oposição à abordagem mais comercial de *No. 4*, a banda toda concordou em seguir outra direção.

Quando terminamos, os engravatados queriam que lançássemos como primeiro single "Days of the Week", uma música mais pop. Bem, para satisfazer nossos principais ouvintes, sempre tínhamos dado partida com um single mais rock. Queríamos "Coma", cuja letra dizia: "Tar and feather hide your feelings, if you even know the meaning, your high road is overrated, you left your guru out there hanging".[2]

Bem, os engravatados venceram, e fomos para a rua com "Days of the Week". Nossos fãs ficaram desapontados, o que refletiu nas vendas.

1 "Banhe-se com a água benta do altar/ E lave a lama de toda a distância que você deixou para trás/ Triplicatas e alianças de casamentos são letais de se obter/ Então prepare os cartões de crédito; o diabo está no recinto."

2 "As humilhações mascaram seus sentimentos, se é que você sabe o significado, seu caminho é supervalorizado, você deixou o seu guru de fora."

Mesmo assim, caímos na estrada novamente para divulgar o quinto álbum de estúdio do STP em menos de dez anos. Se somar a isso meu *12 Bar Blues*, são seis álbuns; muita música vinda de alguém com um vício gritante e comprometedor.

Escrever a música e as letras para *Shangri-La Dee Da* foi uma sequência da minha tentativa de compreender o vício. "Dumb Love", por exemplo, conta a seguinte história:

Alcohol, it's a lie, stimulate a needle in your eye
Let it bleed, blow your mind
Touched myself, nearly went blind
Couldn't find a way to live through the pain [...]
Couldn't get outta bed
Ten-ton bricks laying on my head
Persecute the crucified
Kill a man for losing his mind
Couldn't find a way to live through the shame[3]

"Hello It's Late" tem uma *vibe* meio Burt Bacharach e é profundamente triste. Meu casamento com Mary era recente, mas nossas brigas pareciam antigas. É uma canção sobre medo e incerteza em relação ao futuro. "It's

3 "Álcool, isso é mentira, incita uma agulha no seu olho/ Deixe sangrar, surpreenda-se/ Me masturbei, quase fiquei cego/ Não conseguia encontrar um jeito de viver com a dor [...]/ Não conseguia sair da cama/ Dezenas de toneladas de tijolos sobre a minha cabeça/ Persiga o crucificado/ Mate um homem porque ele perdeu a cabeça/ Não conseguia encontrar um jeito de viver com a vergonha."

just a game we used to play", escrevi, "and I didn't think we'd take it all the way. It kills me just because it can't be erased. We're married."[4]

"Wonderful" sou eu vislumbrando minha morte. No outro mundo, vejo Mary como minha guia:

If I were to die this morning
Would you tell me things that you wouldn't have?
Would you be my navigator?
Would you take me to a place where we could hide? [...]
I want to ask you to forgive me
I haven't been the best with all that I had
Wish I'd only laid beside you
I think I spread myself a little too thin[5]

QUANDO A DEPRESSÃO BATIA FORTE EM MARY, ela dizia que suas "nuvens sombrias" haviam retornado. Nos tempos em que fomos capazes de confortar um ao outro, nosso vínculo era lindo. Nesse espírito, escrevi "Black Again" para Mary:

When you're fed up and lonely
And nothing else seems to matter really

4 "É apenas um jogo que jogávamos, e não achei que fôssemos até o fim. Isso me mata simplesmente porque não pode ser apagado. Somos casados."

5 "Se eu morresse esta manhã/ Você me contaria coisas que não teria me contado?/ Você me guiaria?/ Você me levaria a um lugar onde pudéssemos nos esconder? [...]/ Quero pedir que me perdoe/ Não fui o melhor que pude/ Queria apenas ter me deitado ao seu lado/ Acho que tentei fazer mais do que pude."

I'll be here waiting for the black cloud to leave you
I'll be here to hold your hand
When you're tired and lonely [...]
Hold your breath underwater
And know you'll rise to the surface slowly
Think of me as a ship that might hold you
Carry you to the shore when you're tired and lonely[6]

A canção que claramente menos falava de amor em *Shangri-La Dee Da* era "Too Cool Queenie", escrita com a sra. Cobain em mente. Mary e eu a encontramos em Nova York, numa época em que ela estava às avessas com os membros remanescentes do Nirvana. De maneira improvisada, contei uma versão fantasiosa da história dela e de Kurt:

There was this girl who lived not too long ago
As a matter of fact I think she lives still
She knew she could do no wrong just singing those songs
That we all knew
She would always crash the party,
it was no surprise, it was for her
Too cool Queenie

6 "Quando estiver esgotada e solitária/ E nada mais parecer importar de verdade/ Estarei aqui esperando a nuvem sombria ir embora/ Estarei aqui para segurar sua mão/ Quando estiver cansada e solitária [...]/ Prenda a respiração debaixo d'água/ E saiba que você surgirá lentamente na superfície/ Pense em mim como um navio que poderá abrigá-la/ Levá-la à terra firme quando estiver cansada e solitária."

There was this boy, he played in a rock'n'roll band
And he wasn't half bad at saving the world
She said he could do no right, so he took his life
His story is true [...]
And now this girl, she got real famous
And she made lots of money and some of his too
But still she thinks she can do no wrong just playing those songs
She's all too cool[7]

As vendas de *Shangri-La Dee Da* não foram especialmente boas, tampouco a turnê de divulgação do álbum. No entanto, as críticas foram ótimas. Era o começo de uma nova era em que os fãs de rock estavam descobrindo o Napster. A banda toda estava pegando pesado na farra, inclusive eu, mas Dean escondia esse fato e botava todos os contratempos na minha conta. Nesse ínterim, peguei uma infecção pulmonar e tossia feito louco. A certa altura, perdi a voz. No palco, sempre que minha voz falhava, Dean olhava para mim como se dissesse "Por que você está fodendo tudo de novo?".

Eu rapidamente me enchi de sua atitude passivo-agressiva.

– Qual é o problema? – perguntei, confrontando-o no *backstage*.

– Sua voz está uma merda – respondeu ele.

7 "Havia uma garota, que viveu não faz muito tempo/ Na verdade, acho que ela ainda está viva/ Ela sabia que não tinha como errar apenas cantando aquelas músicas/ Que todos conhecíamos/ Ela sempre invadia a festa; não era surpresa, era para ela/ Rainhazinha, descolada demais// Havia um garoto, ele tocava numa banda de rock'n'roll/ E até que ele era bom em salvar o mundo/ Ela disse que ele não fazia nada certo, então ele tirou a própria vida/ A história dele é real [...]/ E agora essa garota ficou muito famosa/ E ganhou muito dinheiro e parte do dele também/ Mas ainda acha que não tem como errar apenas cantando aquelas músicas/ Ela é descolada demais."

– Minha voz está uma merda porque meus pulmões estão congestionados. Qual é a pior coisa que acontece com você? Ficar com uma bolhinha no dedo?

– Vá se foder.

– Vá você!

Estávamos prestes a chegar às vias de fato quando nosso *coach* de sobriedade – pense em alguém com uma tarefa ingrata – se interpôs entre nós. Já tinha havido brigas entre Dean e Robert no passado – lembro-me de eles atirarem cadeiras um contra o outro –, mas Dean e eu nunca tínhamos nos desentendido. Desta vez, ficamos a centímetros de distância.

Desta vez também me dei conta de que não havia superado a mágoa de ter sido publicamente achincalhado durante a coletiva de imprensa da turnê do *Tiny Music*. Então concluí, mais uma vez, que queria bater em retirada e encontrar meu próprio caminho.

Shangri-La Dee Da, um título que fazia uma irreverente referência a um lugar que supostamente era o céu na terra, tornou-se o inferno num instante. Ainda assim, eu o considero nosso trabalho mais ousado.

Minha esplendorosa filha,
Lucy (ou Louie!)

LUCY

APÓS A SEGUNDA DISSOLUÇÃO DO STP, voltei a me drogar. Com toda a razão, Mary ficou indignada comigo. Ela estava sóbria e, não só isso, estava grávida pela segunda vez.

Eu queria desesperadamente estar limpo e presente para o nascimento de nossa filha. Fui para a reabilitação antes do previsto para poder sair a tempo. Mas os conselheiros pisaram na bola e demoraram a me liberar. Mary também deu à luz dez dias mais cedo. Perdi o parto por pouco e vou me arrepender para o resto da vida. Mas Lucy, a linda Lucy, estava em meus braços naquele dia, nos braços da mãe, Mary, em nossos braços para o resto da vida.

Nesse mesmo ano, no Natal, vivemos um verdadeiro milagre. Comparado aos espíritos das trevas que haviam me assombrado durante o reinado da cocaína, esse espírito de luz veio para nossa família como uma bênção absoluta e um lembrete do poder da fé.

Minha avó, a mãe da minha mãe, estava com uma infecção no cérebro – encefalite. Sua memória havia sumido. Ela mal reconhecia qualquer um de nós. Na véspera de Natal, ela foi liberada da clínica de repouso e voltou para casa conosco. Os médicos disseram que suas chances de recuperação eram nulas.

Naquela noite, pusemos as crianças para dormir, confiando que sonhos de algodão-doce povoariam suas mentes. Papai Noel fez sua parte e, de manhã cedo, nos reunimos em volta da árvore para abrir os presentes. Por volta das 8h, vovó desceu pelas escadas e começou a chamar nossos nomes. Ela reconheceu cada um de nós – o marido, a filha, os netos, os bisnetos. Ela estava lúcida, com a memória em dia. Uma enfermeira, que eu tinha contratado para ficar com ela, disse que em toda a sua vida profissional nunca tinha testemunhado esse tipo de recuperação. Dois dias depois, vovó e vovô voltaram para casa em Oceanside. Vovó estava bem.

Aprendi que Deus e os anjos do Senhor podem mudar tudo e trazer a vida de volta. Milagres acontecem. Disso eu não tinha dúvidas. De certa forma, meu próprio núcleo familiar era um milagre.

Era 2002, e eu parecia ter tudo:

A mulher que eu amava, os filhos que eu amava.

Estava motivado a fazer tudo o que podia para preservar a família, o casamento, a vida com que sonhava havia muito tempo.

Estava determinado.

Fortalecido.

Compromctido.

Foto do Natal em família dos Cleaver

Papai Dave, Scott, mamãe, Michael, vovó e vovô

Saturday, June 21
ST
TEM
PIL
CULTURE . ART
REV
SH IRON MAIDEN YOURCODE
THEFT
CK'S NEWEST
PERSTARS, LIVE AND KICKIN
VULVER
vet
HIT PARA
WEILAND
ROCKE
GUEST EDITORS
LVET REVOL

LÁ ESTAVA EU DE VOLTA

RECAINDO E DESLIZANDO, ESPREITANDO E ME ESCONDENDO.

Resumindo: Mary tinha ficado sóbria e eu não. Eu vivia drogado e na merda. Mary queria se separar – a agonia do nosso divórcio durou anos –, mas ainda se interessava pela minha carreira. Sempre havia se interessado. Sempre se interessará. Grana. Grana.

Ela comentou que havia se encontrado com Susan McKagan, ex-supermodelo e esposa de Duff, baixista do Guns N' Roses nos tempos áureos. Susan dissera a Mary que três caras do GN'R – Duff, o baterista Matt Sorum e o guitarrista Slash – haviam formado uma banda. Inicialmente, Izzy Stradlin estava dentro, mas logo desistiu. David Kushner, do Wasted Youth, ficou em seu lugar na segunda guitarra.

– São muitos egos – eu disse. – Isso me cheira a um monte de problemas.

– Eles gravaram algumas músicas num CD e querem que você ouça – insistiu Mary. – Eles acham que você vai gostar do que estão fazendo.

Não gostei. Parecia um classic rock ao estilo Bad Company. E nunca gostei de Bad Company. Mas, pra ser legal, eu ponderei:

– Algumas coisas até que são boas, mas me enviem outro CD quando tiverem músicas novas.

Mais ou menos uma semana depois, chegou outro CD com composições feitas sob medida para mim. Músicas que tinham o estilo STP estampado em todas elas.

Duff ligou e me convidou:

– Ei, cara, só dá uma passadinha aqui no estúdio.

Eu conhecia Duff da academia e disse que tentaria ir. Eu ainda não tinha certeza se queria me associar a esses caras.

– Olha só, Scott – acrescentou Duff –, também tem umas coisas de trilha sonora que nos pediram para fazer. E é uma baita grana.

Isso despertou meu interesse. Meus empresários, tentando me convencer a me juntar a essa banda, disseram:

– Eles vão fazer uma versão de "Money", do Pink Floyd, para um novo filme chamado *Uma saída de mestre*. E Ang Lee quer músicas para seu *remake* de *Hulk*. Esta banda vai decolar. Apenas dê uma chance.

Concordei, ainda que relutante. A ideia era apenas fazer uma jam. E talvez ver se havia química entre nós. Enquanto isso, eu ainda sofria, quimicamente falando. Ainda estava tomando pico. Foi por isso que cheguei muitas horas atrasado.

E, quando cheguei, fiquei chocado. Os caras haviam organizado um grande evento da indústria. Executivos da música de todos os tipos estavam presentes. O arranjo estava sendo divulgado como "Guns N' Roses com Scott Weiland", dando a entender que estava tudo certo, não que ainda veríamos se daria liga. Eu me sentia confuso e, por causa do vício, também me sentia péssimo. Mas, que diabos, já que eu estava lá, poderia muito bem cantar.

Tocamos duas canções – "Set Me Free", para a trilha sonora de *Hulk*, e a versão de "Money". Fiquei impressionado com a química poderosa entre

GANGUE DE RUA

nós. Assim como todos os outros. Esses caras atacavam o rock'n'roll como uma gangue de rua. Curti a ferocidade e o empenho deles. Além disso, olhar para o lado e ver Slash tocando – o mesmo Slash que tinha sido um dos meus ídolos nos anos 1980 – foi uma emoção e tanto. Eu conhecia Dave Kushner do Electric Love Hogs, uma banda de rock underground. Houve um tempo em que o STP aspirava estar no nível do Love Hogs. Lembro-me de tê-los visto no English Acid, um local badalado em West Hollywood. E Matt Sorum eu conhecia da reabilitação; ele e eu estivemos lá juntos.

O fato é que eu tinha muito em comum com esses caras. Perambulamos por becos escuros, fomos roubados, tropeçamos, caímos e nos levantamos novamente. Quando me juntei a eles, estavam todos com boa aparência. Com auxílio das artes marciais, Duff completara oito anos de sobriedade. Matt, seis anos. E Dave, mais de uma década. Quando viram meu estado, prometeram fazer tudo o que estivesse ao alcance deles para ajudar.

WIND
and
ROCK

VOLTEI PARA A REABILITAÇÃO, mas a reabilitação não funcionou. Foi quando Duff começou a falar sobre seu instrutor em Lake Chelan, no estado de Washington.

– Pegue seus remédios de desintoxicação e venha comigo – ofereceu Duff. – Você conhecerá meu sensei, um cara que realmente pode te ajudar.

A ajuda dele veio de forma rápida e poderosa. Sifu Joseph Simonet[1] é mestre em seis modalidades de artes marciais. Eu planejava ficar um mês, mas acabei ficando três. No seu centro de treinamento Wind and Rock, também trabalhei com sua sócia e noiva na época, Addy Hernandez, kickboxeadora e faixa preta de kenpo. Sifu Simonet vinha de um passado de kung fu, além da forma de arte de Pentjak Silat Tongkat Serak. Criou a sua própria forma denominada Key Fighting Concepts, e, desde o primeiro dia, me identifiquei com sua energia. Ele é um homem profundamente sábio, meio temperamental e com talento para o ensino de filosofia e artes marciais.

– Meu tipo de arte nunca para de evoluir – ele gosta de dizer. – Nunca me repito porque o passado se foi e o presente é sempre novo, em constante mudança.

---

1 Quando Scott escreveu estas memórias, Sifu Joseph Simonet ainda estava vivo, mas viria a falecer em 25 de fevereiro de 2022.

Com um intenso treinamento diário, aprendi a canalizar minha agressividade, minha confusão, meu medo e minha capacidade atlética em direções positivas. A rotina rigorosa me permitiu ficar longe dos opiáceos. O cenário também ajudou. O vale de Lake Chelan fica no centro do magnífico Parque Nacional das Cascatas do Norte. O lago, alimentado por geleiras, tem uns 80 quilômetros de extensão de águas cristalinas de tirar o fôlego. A natureza é selvagem. Ursos e cabras vagam pelas montanhas. Apaixonado pelo local, decidi comprar um terreno e, com o tempo, construir uma cabana na floresta.

De volta a Los Angeles, comecei a treinar com Benny "the Jet" Urquidez, cinco vezes campeão mundial de kickboxing. Benny se gaba de nunca ter sido derrotado, e, quando você treina com ele, não duvida. Ele foi meu professor por 18 meses depois que voltei de Lake Chelan. Esse período – por volta de 2006 – foi difícil porque Mary e eu ainda estávamos dançando a dança da morte em torno do nosso casamento. Eu entrava no dojo de Benny – sua academia de lutas – e imediatamente ele conseguia ler minha mente.

– Você está deprimido – ele dizia. – A energia entre você e sua esposa se tornou particularmente tóxica esta semana.

– Como você sabe disso?

– Seus olhos dizem tudo; simples assim.

Então Benny explicava o conceito de estar "esmaltado". Ele dizia que, obviamente, qualquer pessoa pode sofrer lesões físicas. Mas, uma vez esmaltado, você está mental e espiritualmente protegido. O esmalte resiste a pensamentos negativos. É lógico que, como todo mundo, você será afetado por circunstâncias externas, sentimentos e humores, mas o impacto será mínimo por causa de sua musculatura mental e espiritual.

Esmaltado.

Pronto para voltar ao mundo como um homem inteiro, pronto para aceitar o mundo em seus próprios termos.

Pronto para sair por aí, me juntar a uma banda de rock e me reinventar como cantor e artista.

Ia funcionar. Tinha que funcionar.

Funcionou.

E então parou de funcionar.

“JOURNAL *of* MEMORIES, FEELING LONELY CAN’T BREATHE”

de “Fall to Pieces”

“Diário de memórias, me sentindo solitário; não consigo respirar.”

VOLTANDO A 2003, após me juntar ao Velvet Revolver e entrar na linha, escrevi todas as letras e melodias vocais de nosso primeiro álbum, *Contraband*, que vendeu mais de 4 milhões de cópias. O grande sucesso foi "Fall to Pieces". Duff e eu a escrevemos no Lavish, o estúdio que montei em Burbank. Foi construída em cima de um riff de Slash, e, de alguma forma, no meio da noite, nós o transformamos em uma música sobre ficar em paz – ou não ficar em paz – com meu vício em heroína. Era também sobre meu relacionamento com Mary e como ele estava caindo aos pedaços. Quando Mary escreveu sua autobiografia no ano passado, a intitulou *Fall to Pieces* [Caindo aos pedaços]. Na canção, eu dizia:

All the years I've tried
With more to go
Will the memories die?
I'm waiting
Will I find you?
Can I find you?
We're falling down
I'm falling[1]

1 "Todos os anos em que tentei/ Com os que ainda estão por vir/ As memórias morrerão?/ Estou esperando/ Vou te encontrar?/ Posso te encontrar?/ Estamos fracassando/ Estou desmoronando."

FICAMOS NA ESTRADA POR DOIS ANOS, viajamos pelo mundo e nos estabelecemos como uma banda de rock de primeira linha. O Velvet Revolver era uma força poderosa. Havia tanta energia no palco que, por vezes, parecia que ia explodir. Qualquer coisa poderia acontecer a qualquer momento. Éramos um bando de renegados unidos por uma paixão que nenhum de nós entendia completamente. Éramos perigosos. Estávamos num trem desgovernado, e o público era atraído por nosso ritmo alucinante.

Gostei de nosso primeiro álbum, mas não posso dizer que é a música da minha alma. Havia um certo viés comercial por trás dele. Queríamos hits; queríamos provar que, independentemente do Guns N' Roses e do STP, poderíamos fazer muito sucesso. E fizemos. Meus colegas de STP – Robert, Dean e Eric – tentaram uma série de configurações musicais sem mim, mas nenhuma delas foi bem-sucedida. Desejei-lhes boa sorte, mas tenho de confessar que, competitivo como sou, não foi nada mal estar em uma nova banda que os fãs faziam fila para ver.

TREM DESGOVER-NADO

TENACIDADE

O QUE É ISSO? DE ONDE VEM?

Sou um adicto tenaz. Desisto, mas não desisto. Largo mão, mas volto atrás.

No entanto, sou também um reabilitado tenaz. Nunca parei de tentar ficar sóbrio. Isso já vale.

E, no meio de tudo, sou um compositor e intérprete tenaz. Preciso compor; preciso cantar; preciso do feedback de gente de carne e osso. Sou tenaz não só em fazer arte, mas também me recuso a abandonar minha carreira.

Agarro-me com tenacidade à ideia de que as forças demoníacas estão em ação quando submetemos nosso propósito ao mundo das drogas. Acho que isso se aplica especialmente à cocaína. A cocaína – sobretudo aquela que é cozinhada, transformada em crack – é o diabo.

Tive uma série de encontros com a cocaína que quase me mataram de susto. Em certos momentos, tive que voltar às minhas raízes católicas e recitar orações semelhantes às usadas pelos exorcistas. Mas as forças do mal eram tão poderosas que eu não conseguia sequer pronunciar as palavras sagradas.

Isso aconteceu duas vezes. A primeira foi no final dos anos 1990; a segunda, quando tive uma recaída na época do Velvet Revolver. Em ambos os casos, as presenças sombrias se manifestaram fisicamente. Houve passos; formas reais apareceram diante de mim, rostos de esqueleto. Otis, meu golden retriever, fugiu do quarto. Ele vivenciou o que vivenciei, viu o que vi, temeu o que temi. Corri para o banheiro, me tranquei lá dentro, olhei por baixo da porta e vi pés, vi sapatos, ouvi vozes, tremi, tiritei, rezei, tentei respirar, esperei até que os pés se afastassem e o barulho parasse. Pensei naquela que talvez seja a maior dúvida do homem – existe vida além deste mundo mortal? – e soube então que a resposta é sim.

Acredito que a coca que eu estava consumindo ativou uma força paranormal. Essa força, por sua vez, tomou a forma de um minitornado, um turbilhão de energia tremenda que veio atrás de mim e bateu contra a lateral da casa, causando danos reais.

A heroína é obviamente intoxicante. A heroína mata toda a dor. A heroína mata o viciado em heroína. No meu Ford Mustang 1965, eu dirigia ao encontro da minha traficante de heroína, tomava um pico e ficava leve como uma nuvem. Flutuava sobre a Silver Lake Boulevard como o dirigível da Goodyear sobre o Rose Bowl no Ano-Novo. O barato da heroína é um voo sem turbulência – isto é, até que a aeronave exploda e caia no mar. O barato da cocaína, embora extremamente estimulante, é um passeio de montanha-russa pelo inferno.

“I WANNA KNOW WHY YOU HAVE TO GO”

– de “The Man I Didn’t Know”

“Quero saber por que você tem de ir.”

COM O PASSAR DO TEMPO, parecia que meu pai ia ficando cada vez mais distante. À medida que me dava bem na música e mal no tratamento de meus vícios, não conseguia me conectar com ele. Ele desaparecia por longos períodos, não atendia às minhas ligações, ignorava minhas tentativas de me aproximar dele. No entanto, isso mudou em 2003, quando, durante um período na reabilitação, ele aceitou meu convite para participar da semana da família. Aquilo significou tudo para mim. Ele participou de sessões de terapia e, pela primeira vez, pareceu vulnerável e disposto a ouvir meus sentimentos confusos sobre ele. Depois de várias conversas francas, ele se virou para mim e disse:

– Sabe, Scott, como pai, eu falhei com você. Então, em vez de tentar ser pai, por que não tento ser seu amigo? Acho que posso fazer isso.

Eu estava mais do que disposto. Quando saí da reabilitação, decidi fazer uma celebração de Natal de uma semana na minha cabana na floresta acima de Lake Chelan. Foi um caso de conexão masculina multigeracional. Estavam presentes meu filho, Noah; meu pai, Kent; meu irmão, Michael; e meus meios-irmãos Seth e Matt, os filhos que Kent teve com Martha. Nós nos conectamos como uma família de verdade, passeando de snowmobile, decorando a árvore de Natal, trocando presentes, contando histórias e cantando canções natalinas diante da lareira. À noite, o céu invernal iluminava-se com um milhão de estrelas. De dia, o mundo era um paraíso congelado. Michael parecia em paz. Meu pai também. Meu filho ficou ao meu lado. Consegui me aproximar de Matt e Seth. Foi lindo.

E então acabou.

Michael regressou a seu mundo sombrio. Meu pai perguntou se eu poderia contratar Matt como meu assessor. Aceitei, mas Matt, compreensivelmente, não curtia o trabalho e nunca o levou a sério. Tive que mandá-lo embora. Acho que isso não ajudou no meu relacionamento com meu pai. Eu ligava para ele, mas ele nunca retornava. Meses se passaram. Mais uma vez, ele desapareceu. Quando ligou, foi para Mary, assim que soube que estávamos nos divorciando. Ele se sentiu na obrigação de confortá-la, não a mim.

Natal no Colorado, na casa dos meus pais. O primeiro boneco de neve de Noah e Lucy.

COISAS QUE ADORO E ODEIO

Adoro cavalos em trilhas.
Odeio motocicletas na *freeway* de Los Angeles.

Adoro escargot (desde os meus 5 anos).
Odeio fast food.

Adoro inverno e neve.
Odeio dias quentes de inverno.

Adoro montanhas.
Odeio cidades pretensiosas.

Adoro um coração aberto.
Odeio sair para namorar.

Adoro bons lençóis e os melhores quartos de hotel.
Odeio fazer turnês muito longas.

Adoro nosso presidente.[1]
Odeio uma certa ex-governadora do Alasca –
quem não?[2]

Adoro me vestir bem, como se não tivesse feito
nenhum esforço para isso.
Odeio homens que se vestem de qualquer jeito.

---

1 Na época em que Scott escreveu o livro, o democrata Barack Obama cumpria seu primeiro mandato como presidente dos EUA (2009-2013).

2 Scott refere-se a Sarah Palin, que atuou como governadora do Alasca entre 2006 e 2009, quando foi então indicada para concorrer como vice-presidente na chapa do republicano John McCain, que perderia a eleição para Obama.

Michael, em dias mais leves e risonhos.
Tenho saudades dessa época.

O DIA EM QUE PERDEMOS NOSSA VIDA

EM 2007, EU ESTAVA EM CASA COM AS CRIANÇAS. Mary estava em Sundance, oferecendo festas para estrelas e socialites. A ligação veio no início do dia. Era uma amiga do Michael. Ela mal conseguia falar.

– Scott... Scott... Ai, meu Deus... – disse ela. – Não sei como dizer isto. Estou no apartamento do Michael e ele... ele se foi.

– Como assim "se foi"? – perguntei.

– Michael está morto, Scott. Ele está morto. Não sei o que fazer... Você precisa vir aqui para identificar o corpo. Você é o parente mais próximo.

Gelei por dentro.

Segundos depois, um suor ardente se apoderou de mim. Senti o gosto vil e amargo do vômito na garganta. Do fundo da minha alma, a mesma alma que estava entrelaçada com a de Michael, veio um lamento gutural...

– Não! Não! Não! Não!

A primeira coisa que fiz foi abrir o armário de bebidas, encher um copo de uísque e virar. Como um ex-viciado, meu instinto animal entrou em ação. Vesti minha armadura emocional, deixei as crianças com a babá e fui até o apartamento de Michael, em Silver Lake.

Enquanto dirigia, minha cabeça transbordava de memórias. Lembrei que, quando era criança, Michael acreditava no Papai Noel e nos seus elfos. Eu me vestia de elfo e corria pelo bosque nos fundos de casa. Então meus pais, cúmplices voluntários, diziam ao Michael para ir ver. Ele caía feito um patinho. Até os 20 e poucos anos, ele ainda achava que era real, até que isso foi casualmente mencionado durante um jantar de Natal. Meu irmão tinha uma alma delicada, mas muito antiga.

Apenas um mês antes, Michael estava feliz pela primeira vez em anos. Livre das drogas, livre do crack. Parecia que todos os nossos problemas tinham ficado para trás. Ele e a esposa estavam se dando bem e estava prestes a receber o direito de visitar suas filhinhas maravilhosas.

Então a imagem refletida de si mesmo se quebrou. Apesar de todo o amor que Michael sentia pela família e pelos amigos, ele não tinha nenhum amor-próprio. Ele pesava 80 quilos, mas tinha apenas 5 quilos de fé em si mesmo. Talvez seja por isso que dizem que, quando você morre, perde justamente esse peso.

Num dado momento durante a viagem, liguei para Mary. Ela começou a chorar. Isso era incrivelmente trágico, incrivelmente triste. Por instinto, também liguei para Benny "the Jet" Urquidez, meu sensei.

– O quê? – gritou ele. – Perdi minha irmã hoje!

A implacável lei da mortalidade.

A dura realidade me atingiu em cheio quando cheguei ao apartamento de Michael. A polícia já estava lá, assim como alguns amigos dele. O lugar estava um caos – pilhas de louça por lavar, pratos quebrados, poeira, fedor de roupas sujas, o cheiro da morte. Fui até sua cama. Michael estava deitado; parecia confortável; seus olhos estavam fechados. Parecia-se com ele, mas era *como se* não fosse ele.

Um bilhete estava colado na geladeira, referindo-se a suas filhas: "Fique vivo por Sophia e Claudette". Seria uma carta de suicídio ou algo escrito num momento inspirado para se lembrar daquilo que lhe daria motivos para viver? Nunca saberei.

Seu coração não aguentou. Drogas, sim, mas o que matou Michael foi um coração partido. Naquele dia, uma grande parte de mim também morreu.

Mais tarde, soubemos que a causa foi cardiomiopatia, uma doença do músculo cardíaco que, quatro anos antes, o dr. Drew Pinsky havia diagnosticado em mim – não em Michael – durante um período de desintoxicação de heroína.

Por que ele e não eu?

Por que eu sempre conseguia me levantar e sair das enrascadas? Por que Michael não tinha essa habilidade?

Há um verso em uma música do Nirvana que diz: "I miss the comfort in being sad".[1]

Esse era o Michael, nunca eu. No entanto, agora sentia falta do conforto de estar triste. Sentia falta do conforto de sentir qualquer coisa.

Vazio.

Perda.

Um irmão que se foi.

Tudo isso aconteceu quando estávamos gravando o segundo álbum do Velvet Revolver, *Libertad*.

O irmão de Matt Sorum, baterista do Velvet Revolver, também morreu na mesma época.

---

1 "Sinto falta do conforto de estar triste" [de "Frances Farmer Will Have Her Revenge on Seattle"].

Ficamos sozinhos, atormentados por perguntas sobre o que deveríamos ter feito, o que poderíamos ter feito, o que não fizemos.

Na canção "For a Brother" desse álbum, escrevi:

Could and should have been
And didn't
I've given up my hand for a brother
I've given up a hand for free
I've risen and forgiven, and I've pardoned
But you set yourself free[2]

Essa palavra – liberdade, *libertad*.

Outra canção de *Libertad* era "The Last Fight":

Break the chains of featherweights and giants
With disdain for everlasting liars!
They're afraid when we spit out the fire
And start living[3]

APÓS A TRÁGICA MORTE DE MICHAEL, as coisas foram de mal a pior para mim e Mary. Começamos a beber excessivamente. A babá cuidava das crianças; nós saíamos para jantar, enchíamos a cara, voltávamos para casa

2 "Poderia e deveria ter sido/ E não foi/ Dei minha mão para um irmão/ Dei minha mão por nada em troca/ Eu me ergui e desculpei e eu perdoei/ Mas você se libertou."

3 "Liberte-se das correntes de pesos-pena e gigantes/ Com desprezo pelos eternos mentirosos/ Eles ficam com medo quando cuspimos fogo/ E começamos a viver."

e fazíamos um sexo incrível. Havia ocasiões, no entanto, em que Mary não demonstrava o menor interesse em beber e transar. Não dava para prever. Era sempre um cara ou coroa. As mudanças de humor dela, combinadas com minhas mudanças de humor, podiam nos levar a qualquer direção. No *Libertad*, escrevi uma canção que não poderia ter outro nome que não "Mary, Mary".

Mary, Mary, Mary by my side
Got time and love the kind you cannot buy
Black boots, strong legs, got style
My baby knows the walk, you see her come for miles [...]
Modern lover of the modern kind
When we close the door, we're never out of time [...]
Mary, Mary on my mind [...]
Want to find out what you're saying
Want to play the games you're playing[4]

4 "Mary, Mary ao meu lado/ Tenho amor e tempo do tipo que não se compra/ Botas pretas, pernas fortes, tem estilo/ Meu amor sabe desfilar, dá para vê-la se aproximando de longe [...]/ Amante moderna de um tipo moderno/ Quando fechamos a porta, nunca estamos sem tempo [...]/ Mary, Mary na minha cabeça [...]/ Quero descobrir o que você está dizendo/ Quero jogar os jogos que está jogando."

Michael, sozinho

Michael com a esposa

Eu e Michael

O ESTOPIM

EU FIQUEI FORA DE CONTROLE durante a segunda turnê do Velvet Revolver. Até que estava indo bem no início do giro, mas uma única carreira de pó na Inglaterra fez tudo desandar. Mandei pra dentro. E logo os demônios voltaram, abrindo o caminho para uma nova derrocada. Isso foi em 2007.

Devastado por minha obsessão por "Mary, Mary" e com o coração partido por ter perdido meu irmão, essa pequena carreira de cocaína parecia uma boa. Para mim, foi o mesmo que pisar em areia movediça. Em pouco tempo, eu já estava fumando essa merda. Depois de anos sem usar drogas de rua – nem *nenhum* tipo de drogas –, lá estava eu de novo, indo a lugares perigosos para comprar narcóticos. Tudo foi feito em segredo; os outros caras do Velvet Revolver – os quais todos, exceto um, haviam tido seus próprios deslizes desde que a banda se formou – não sabiam que eu estava usando.

Só minha empresária, Dana DuFine, soube da minha decisão de ir para a reabilitação. Eu precisava. Não podia viver comigo mesmo; não podia suportar o fato de estar de volta à merda do vício, fazendo o que eu havia jurado que nunca mais faria. Quando disse aos rapazes que teríamos que desmarcar alguns shows porque eu precisava me tratar, a reação deles me chocou. Eles disseram que eu teria que lhes pagar por esses cancelamentos

– integralmente. Lembrei a alguns deles que, quando tiveram suas recaídas e precisaram ir para a reabilitação, eu os apoiei por completo. Não fez a menor diferença. Queriam uma indenização de minha parte, mas desta vez não houve acordo. Já me foderam uma, duas vezes... Então, que se foda a porra toda.

Havia outros problemas no Velvet Revolver. A esposa de Slash, Perla, tinha tomado parte nos assuntos da banda a ponto de participar de nossas reuniões. Além disso, o Velvet Revolver era basicamente uma banda fabricada. Apesar de todos os nossos hits – "Fall to Pieces", "Slither", "Set Me Free" –, nós havíamos nos juntado por necessidade, e não com um propósito artístico.

A gota d'água foi quando, após retomarmos a turnê de *Libertad*, Matt fez comentários mordazes a meu respeito na internet. Nossa frágil irmandade foi permanentemente esfacelada. De um palco na Inglaterra, eu disse aos presentes – incluindo meus colegas de banda – que eles estavam testemunhando um evento especial, a última turnê do Velvet Revolver. E daí que tínhamos vendido cerca de 5 ou 6 milhões de discos? Eu estava fora.

PESADELO PARISIENSE

Eu precisava ficar longe. Tinha passado toda a vida adulta viajando, mas sempre com uma comitiva – assessores, gerentes de turnê, seguranças. Minha vida estava me deixando louco. Eu precisava de um tempo sozinho.

Minha ideia era simples: ir a Paris, alugar um quarto em Montmartre, minha parte favorita da cidade, e relaxar. Escrever um pouco. Ler um pouco. Ficar de boa por uma ou duas semanas, passear pelos bistrôs e mergulhar naquele clima artístico europeu. Eu via Paris como uma cidade de quietude, beleza e paz. Era o último lugar no planeta de onde esperaria agressividade.

No voo, lembrei-me de duas ocasiões violentas que quase tinham acabado comigo durante os anos em que vaguei pelas ruas. Em 1997, fui atacado em uma boca de fumo no centro de Los Angeles por um homem louco com uma faca caseira, tipo aquelas que fazem na prisão. A arma me atingiu no esterno e, felizmente, partiu ao meio. Um ano depois, durante uma turnê do STP, fui agredido em Washington, D.C., quando tentei comprar drogas num conjunto habitacional. Mais uma vez, tive a sorte de não ter sofrido ferimentos graves. Tudo isso, no entanto, era coisa do passado. Em Paris, eu poderia relaxar e encontrar abrigo contra as tempestades emocionais.

Cheguei no início de dezembro. O hotel era legal; as noites, frias. Minha cabeça começou a desanuviar. Desci à Pigalle, com suas armadilhas para turistas e falsos espetáculos de sexo "ao vivo", e só caminhei e caminhei. Estava me sentindo livre. Vestindo calça jeans, camiseta e um casaco North Face simples, eu era só mais um cara, não um astro do rock. Eu estava andando por um parque, pensando em como era bom estar longe, quando três caras se aproximaram de mim – um branco, dois negros.

– Tá rolando uma festinha não muito longe daqui – disseram eles. – Está a fim?

Eles tinham sotaque. Os negros disseram ser nigerianos; o branco, marroquino.

– Lógico – respondi, pensando que poderia haver maconha ou haxixe na festa.

– Tem muita mulher bonita também – acrescentaram. – Nosso carro está bem ali na esquina.

Eles pareciam ser gente boa, e não pressenti nenhum perigo. No fim das contas, o carro não estava bem ali na esquina, e sim a vários quilômetros de distância. Mas tudo bem. A noite estava revigorante. Eu estava disposto.

Assim que entramos no carro e começamos a nos dirigir para a festa, os caras revelaram ser muçulmanos.

– Beleza – eu disse. – Respeito o Islã. Respeito todas as religiões.

– Eu respeito Hitler – disparou o negro sentado a meu lado.

– Hitler! – exclamei. – Como você pode respeitar Hitler sabendo que ele via os negros como inferiores? Hitler acreditava na supremacia branca da raça ariana. O que há para se respeitar em Hitler?

– Ele fez o que precisava ser feito.

– Criando o Holocausto?

– Algumas pessoas não acreditam que o Holocausto tenha acontecido.

– Algumas pessoas são loucas. O Holocausto é um fato histórico.

– Não tenho tanta certeza.

De repente, eu não tinha tanta certeza do que estava acontecendo. Obviamente, a festa não era tão perto, porque tínhamos entrado numa autoestrada. Quando perguntei para onde estávamos indo, não obtive respostas, apenas sorrisos desdenhosos. Finalmente, depois de uns 20 minutos, saímos da autoestrada para uma área residencial. O marroquino, que estava ao volante, continuava a andar em círculos e a executar cavalos de pau. Ele tinha a intenção de me fazer perder o rumo, o que era bastante fácil.

CORTAR MEU SACO FORA

– Onde nós estamos? O que vocês estão fazendo? – perguntei.

Como não obtive respostas, soube que estava em apuros. Naquele momento, quando tomamos uma estrada de terra, todos os meus instintos de sobrevivência entraram em ação. Abri a porta e saltei do carro em movimento.

O carro parou de repente. O cara branco veio atrás de mim, me perseguindo a toda velocidade. Acabou me pegando. Nos engalfinhamos. Bloqueei seus chutes. Quando ele me deu uma cabeçada, sua testa se chocou contra a minha boca aberta. Meu dente cortou sua pele e o sangue jorrou. Meu dente da frente rachou ao meio. Ele ficou desconcertado.

Apesar de todo o medo que tomava conta de mim – medo de ser assassinado a sangue-frio –, consegui, de alguma forma, manter um certo grau de controle. Sabia que entrar em pânico só pioraria as coisas. Antes que eu pudesse bolar um plano, porém, os negros estavam me derrubando aos pontapés. Um deles tinha um alicate e parecia que ia cortar meu saco fora. Eu me contorci e dei uma cotovelada a esmo que – graças a Deus – acertou em cheio um deles. O outro agarrou meu casaco que, por ser de um tecido escorregadio e frouxo no corpo, saiu deslizando de mim. O cara acabou com meu casaco nas mãos ao invés de mim, e eu saí correndo.

Corri como o vento. Corri pela neve. Perdi um dos sapatos, mas continuei correndo. Pulei uma cerca viva e rolei por um barranco. Corri ainda mais rápido até me encontrar em uma área arborizada. Minha cabeça estava tomada por apenas um pensamento: "Eu não vou morrer aqui! Eu não vou morrer aqui!". Escondi-me debaixo de algumas folhas durante 30, 40 minutos. Estava morrendo de frio, vestindo apenas uma camiseta, calça jeans e um sapato. Quando pensei que era seguro deixar o esconderijo, saí do bosque e encontrei um bairro de pequenas casas. Procurei uma que tivesse luzes de Natal.

Bati à porta.

Um homem atendeu. Ele me olhou da cabeça aos pés. Eu estava ferido, minha camiseta rasgada e coberta de sangue, meu cabelo emaranhado com galhos e folhas.

– Eu não sei falar francês – tentei dizer em francês.

– Eu não sei falar inglês – tentou dizer ele em inglês.

Ele chamou a filha, que desceu pelas escadas. Ela falava inglês. Contei a ela que tinha sido espancado, que meu passaporte e minha carteira, com

800 dólares, tinham sido roubados e que eu precisava de uma carona de volta para o meu hotel. Ela acreditou em mim. Ela, o pai e o tio me puseram no carro e me levaram até lá. Convenci o gerente do hotel a lhes dar 50 euros pelo inconveniente e lhes agradeci imensamente.

No dia seguinte, fui à embaixada dos Estados Unidos para obter um passaporte temporário; à delegacia de polícia para prestar queixa; e à American Express atrás de algum dinheiro.

– Depois de tudo o que passou – perguntou minha empresária pelo telefone –, você vai voltar para casa?

– Não – respondi. – Vou ficar em Paris mais quatro dias. Depois vou passar uma semana em Roma.

Quando finalmente cheguei em casa, consertei os dentes.

Ainda amo Paris.

Meu aniversário de 40 anos. Uma festa disco anos 1970 sob patins. Acabou sendo a última noite do nosso casamento.

Os CALÇADOS *de um* BUFÃO SOMBRIO

Mary's won't because she don't
and little Mary's crying
So what is a boy to do, wouldn't you
Mary's won't because she don't
and Mary keeps on crying
While promises break in two
And so do you[1]

– CANTADO NO RITMO DE "MAIRZY DOATS AND DOZY DOATS AND LIDDLE LAMZY DIVEY"

QUANTO MAIOR MINHA DEPENDÊNCIA POR MARY, maior o desejo dela de me abandonar. Cada vez mais, ela expressava sua perda de interesse em mim. Tudo isso era compreensível. Quantas vezes dá pra aguentar um homem que entra e sai da reabilitação por uma porta giratória que parece nunca parar? Mary tinha sua própria saúde mental para proteger. Eu entendia. Aceitar o fato de ela querer acabar com nosso casamento foi terrivelmente doloroso, mas não tive escolha.

Então nos separamos. Saí de nossa casa com piscina e fui para o Oakwood Apartments, uma habitação corporativa temporária, o mesmo lugar onde Rick "Super Freak" James estava hospedado. Mary foi viver sua vida, eu fui viver a minha. Tudo correu bem por um tempo, mas logo as nuvens sombrias de Mary voltaram.

Quando descobriu que, após nos separarmos, eu tinha começado a namorar outra mulher, ela entrou numa fúria louca. Apesar de ter sido ela quem colocara um ponto-final em nossa relação, a descoberta do meu envolvimento com outra pessoa a tirou do prumo.

---

1 "Mary não vai porque não quer/ E a pequena Mary está chorando/ Então, o que um garoto pode fazer, não é?/ Mary não vai porque não quer/ E Mary continua chorando/ Enquanto promessas se quebram/ E você também."

Na época, eu já estava morando em meu próprio apartamento, mas Mary me quis de volta. Eu aceitei. Ela foi comigo procurar um caminhão de mudança para pegar minhas coisas. No caminho, enquanto eu dirigia, ela me esbofeteou, gritando sobre essa "outra mulher". Ela estava tão descontrolada que, para proteger nossos filhos, levei-os para um hotel, onde havia reservado uma suíte com dois quartos.

Mary apareceu no hotel com um vestido que havia picotado com uma tesoura. Não tive como não ficar maravilhado com o quão ela estava totalmente centrada e totalmente fora de si ao mesmo tempo. Ela pegou um punhado de comprimidos e os tomou com bebida do frigobar. Bebeu até desmaiar. Eu dava uma olhada nela a cada poucos minutos para ter certeza de que estava respirando. Estava, mas também estava fria.

Rapidamente bolei um plano. Minha empresária, Dana, então amiga íntima de Mary, concordou em tomar conta das crianças naquela noite. E minha mãe aceitou pegar um avião no dia seguinte.

Quando, em seu estado semiconsciente, Mary ouviu o plano, começou a gritar:

– Você não vai levar as crianças para a casa da Dana hoje! E sua mãe não vai tomar conta delas amanhã!

Eu sabia que minha mãe e Mary tinham uma relação delicada, mas, quando se tratava de meus filhos, não havia ninguém em quem eu confiasse mais do que minha mãe. Eu tinha que seguir meu plano. A reação de Mary foi tão violenta – ela começou a quebrar pratos e espelhos – que fiquei com medo por nossos filhos e chamei a segurança. Mary foi presa e levada para uma delegacia em Burbank. Quando foi solta, voltou para casa, tirou todas as minhas roupas do armário, jogou-as na entrada da garagem, encharcou-as com fluido de isqueiro e deixou cair um fósforo aceso. Oitenta mil dólares em roupas em chamas. Mary foi presa outra vez.

Quando voltou para casa de novo, minha mãe tinha chegado e as coisas se acalmado – ou assim parecia. Mary foi entrevistada pelo conselho tutelar – na verdade, todos nós fomos. Ela foi encaminhada a um hospital psiquiátrico para avaliação. Até topou ir, mas só se eu a levasse. Nesse momento, eu estava com medo dela e por ela.

De repente, Mary mudou de ideia. Ela não iria. Para me impedir de sair de casa para um ensaio, ela bloqueou meu carro com o dela. Pulei o muro e consegui sair. Enquanto eu estava fora, Mary pirou tanto, mas tanto, que minha mãe precisou levar as crianças para a suíte principal e trancar a porta. Mary começou a gritar:

– Estou indo embora e meus filhos irão comigo!

Quando Mary começou a chutar a porta, minha mãe abriu e tentou acalmá-la. Foi aí que Mary quis pegar as crianças; minha mãe tentou impedi-la, mas, ao fazê-lo, Mary a agarrou pelo pescoço, onde ela havia recentemente passado por uma cirurgia. Minha mãe disse para Noah chamar a polícia. Os policiais chegaram e, mais uma vez, Mary recebeu ordens de se internar em um hospital psiquiátrico.

No dia seguinte, Dana e eu levamos Mary ao hospital, mas ela não saía do carro. Seis enfermeiras vieram para tentar convencê-la. Mary não se mexia. Nós a levamos a um bar, esperando que um pouco de coragem líquida a ajudasse a ver a luz. Ela finalmente cedeu à nossa súplica e deu entrada no hospital. No entanto, antes de nos deixar ir embora, Mary insistiu que precisava de medicamentos mais fortes. Um médico concordou em aplicar-lhe uma injeção de Ativan. Ainda esbravejando, Mary foi colocada em uma enfermaria por um período de observação de 72 horas. Não sei como, mas duas horas depois ela convenceu o hospital a liberá-la. Mary saiu e voltou para casa, mais doente do que nunca.

O drama se estendeu por muitos meses.

Finalmente, Mary retomou o tratamento medicamentoso e encontrou um mínimo de estabilidade. Nos últimos tempos, isso tem se mantido. Graças a Deus. Sua recuperação contínua foi uma bênção para ela, para mim e, sobretudo, para nossos preciosos filhos.

Carrego no braço uma tatuagem de Mary que uso como um distintivo, uma joia, uma cicatriz, uma forma de me lembrar que o amor e a dor, como o sangue e a tinta, nadam no mesmo mar.

"Our Movie":

Like a Jean Harlow picture
I look at you through the screen that divides us
I'm aware of the touch of your arms
I'm part of the sofa divider
I respect your space, enjoy your good taste
Yet I'm only one of the pieces that's in it
More, more, more, you're never finished
September, October, November, fall
December, January, February, snow
March, April, May, spring showers bear flowers
June, July, 4th of July, independence, here we go
But so long, Mr. August, it's been a wonderful show[2]

2 "Como uma foto de Jean Harlow/ Olho para você pela tela que nos separa/ Tenho consciência do toque dos seus braços/ Sou parte do divã/ Respeito seu espaço, desfruto do seu bom gosto/ Mas sou apenas uma das partes dele/ Mais, mais, mais, você nunca termina/ Setembro, outubro, novembro, outono/ Dezembro, janeiro, fevereiro, neve/ Março, abril, maio, chuviscos de primavera trazem flores/ Junho, julho, 4 de Julho, Independência, lá vamos nós/ Mas até logo, sr. agosto, foi um show maravilhoso."

PURIFICANDO JIMMY CHOOS *com* ÁGUA BENTA

DEPOIS DE DEIXAR O VELVET REVOLVER, três coisas significativas aconteceram na minha vida: entrei na fase final do processo de divórcio da Mary; lancei um projeto solo no qual vinha trabalhando havia anos; e juntei-me a meus colegas do STP para uma nova turnê e um novo álbum. Vejo isso como desdobramentos positivos.

O projeto solo – *Happy in Galoshes*, um CD duplo lançado em 2008 – foi catártico. Fiz uma turnê de divulgação com uma banda de virtuosos *avant-garde* chamada Scott Weiland and the Saffron Salvo.

Happy foi um grande trabalho feito em parceria com meu amigo Doug Grean, que também contribuiu imensamente para minha sanidade. Ele esteve lá durante toda a loucura com Mary; me levou e me pegou da reabilitação inúmeras vezes; suportou minha imprevisibilidade e limpou minha bagunça. Ele me entendia no nível mais profundo e compassivo. Devo muito a Doug.

Não sou adepto da idealização ou do sentimentalismo, mas *Happy in Galoshes*, pelo menos em parte, faz um apanhado da minha vida, como este livro de memórias, com um certo grau de nostalgia. Quando chovia em Cleveland, eu calçava galochas e saía para brincar. Eu certamente era feliz e, como toda criança, despreocupado.

Na música "Missing Cleveland" – um momento-chave do disco –, reflito com saudades sobre essa infância tanto quanto me lembro dos bons tempos com Mary, quando vestíamos nossas melhores roupas e íamos a restaurantes descolados para ver gente:

You were dressed up at the ball
They expected us to fall
From the heavens its Lunar 7
They were monkeys all of them
Entertaining so we stayed
Wondering whether it's all or never[1]

Há canções sobre meu pai e meu irmão em *Happy in Galoshes*, mas Mary continua sendo a personagem principal. Sei que o grande poeta italiano Dante nunca foi além de sua obsessão por Beatriz, a musa de seus sonhos, chegando a colocá-la no centro de sua viagem ao paraíso e de sua visão de Deus. Não sou Dante, mas sei, à minha maneira, que minhas canções estão irremediavelmente entrelaçadas com minha obsessão por Mary. Ela está no centro de "She Sold Her System", uma metáfora para minha crença de que ela perdeu a paixão por mim. Vejo minha paixão por ela como uma força que nunca cessa. Estou sempre a persegui-la. "When in space on the hamster wheel", eu canto, "will we ever win the saving race? And it's just too close to call while all the numbers crunch inside your head."[2]

1 "Você estava arrumada no baile/ Eles esperavam que caíssemos/ Do céu, do Lunar 7/ Eram todos uns primatas/ Divertidos, então ficamos/ Imaginando se era tudo ou nunca."

2 "Quando no espaço, num ciclo sem fim, será que vamos vencer a corrida pela salvação? E é muito cedo para dizer enquanto todos os números se esmagam dentro da sua cabeça."

Em "Pictures and Computers (I'm Not Superman)", ainda estou tentando processar a raiva e a dor que sinto por Mary, a confusão, o feixe de contradições que carrego na cabeça:

When I'm alone the world's at bay
Keeping them still as I slip away
But I'm not Superman and I'm not everyman
Have I done the best that I can to generate
'Cause I still hate
To revel around and terrorize or sympathize and populate
'Cause I'm just everyman who once was a stronger man
Who let the queen of his land burn off his cape
Now he just waits
Oh, let me be, you take a step and squash on everything
Your holy water won't clean those Jimmy Choos
You wear those shoes and then you run around all night[3]

A culpa está aí. A culpa que sinto por Michael, por Mary, por Jannina. "Big Black Monster" é uma música que escrevi e gravei em *Happy in Galoshes* porque me lembrava de como tinha partido o coração da minha primeira esposa. Eu dizia a Jannina: "Querida, vou sair para comprar

3 "Quando estou sozinho, o mundo fica encurralado/ Mantendo-os imóveis enquanto me esvaio/ Mas não sou o Super-Homem e não sou um homem comum/ Será que fiz o melhor possível para germinar?/ Porque ainda odeio/ Me expor e aterrorizar ou ser compreensivo e povoar/ Porque sou apenas um homem comum que já foi um homem mais forte/ Que deixou a rainha de suas terras queimar sua capa/ Agora, ele apenas espera/ Oh, me deixe em paz, você dá um passo e esmaga tudo/ Sua água benta não vai purificar seus Jimmy Choos/ Você calça esses sapatos e fica para cima e para baixo a noite toda."

cigarros. Volto em 15 minutos". Então voltava para casa cinco dias depois, após um período em algum hotel barato injetando cocaína e heroína.

CULPA

Did you hear the monster come out?
He came a-crashin' in
Did you feel the monster come out?
You're crashin'
You're crashin'[4]

Mas se há uma música que resume a dança que dancei com as mulheres, é "Tangle with Your Mind". Escrevi-a numa época em que estava convencido de que Mary tinha outro. Os indícios eram óbvios demais para serem ignorados. Mary, por sua vez, sempre soube que, quando se tratava de jogos mentais, ela tinha a mente superior. Ela conseguia ser mais esperta

4 "Ouviu o monstro surgindo?/ Ele chegou invadindo/ Sentiu o monstro surgindo?/ Você está entrando em colapso/ Você está entrando em colapso."

e passar a perna em mim. Ela pode muito bem estar certa. Tudo o que eu posso fazer é confundir. Tudo o que posso dizer é:

You seem sad, but you're telling lies
Getting lost in the shuffle of alibis
Seasons change, so do you, so do I
Where do I go?
Looking back on indiscretion,
Love reaction, I want action
No, no, no
Trying hard not to let you go (oh, so cold)
'Cause you just never let it show
There you go wandering along
People come and people go
Where do you go when you're not at home?
There is always more than meets the eye
Flew so fast, fell from the sky below[5]

No fim, estou feliz usando minhas galochas. Feliz pisando na lama chuvosa da minha infância. Feliz por lembrar o caos louco de uma vida dedicada à música e quase destruída pelas drogas. Feliz por parar e colocar o lápis no papel e, da melhor forma possível, marcar minha jornada até aqui.

5 "Você parece triste, mas está contando mentiras/ Se perdendo na confusão de álibis/ As estações mudam, você também, eu também/ Aonde vou?/ Relembrando a indiscrição/ Reação de amor, quero ação/ Não, não, não/ Me esforçando para não deixar que você se vá (oh, tão frio)/ Porque você simplesmente nunca deixa transparecer/ Lá vai você, divagando/ Pessoas vêm e pessoas vão/ Aonde você vai quando não está em casa?/ Sempre há mais do que se vê de primeira/ Voou tão rápido, despencou do céu."

Estou de volta com Eric, Dean e Robert – e isso me deixa feliz. Estamos nos dedicando novamente a nossa arte e a nossos fãs. Sou grato pelo fato de nosso fundamento musical, construído na integridade e na necessidade de expressar um tipo de rock'n'roll legítimo, permanecer intacto.

Apesar de todo o sucesso, nossa turnê atual não tem sido fácil. Voltei a beber. Durante os intervalos, quando podia passar algum tempo em casa, sentava-me no sofá e ficava sem me mexer durante horas a fio. Há anos que sei muito bem que sou um alcoólatra, mas quem quer admitir isso? Depois de me livrar de coisas piores, por que não beber um pouco de vez em quando? Que mal pode haver numa pequena indulgência? A resposta é um mal imenso – um mal potencialmente fatal. Para mim, entornar um copo de bebida é como colocar um cobertor de chumbo sobre meu coração. Houve tanta dor nos últimos anos que tenho medo de sentir e de me entregar. Rezo para que isso acabe. Não quero mais ficar sozinho. Quero poder amar de novo. O sonho de todos os bêbados – de serem capazes de controlar o quanto bebem – é um que tem sido difícil de deixar para trás. Rezo para que, de uma vez por todas, esse sonho esteja morto e enterrado.

Então voltei a contar os dias. Faz quase dois meses que não bebo. Quando você estiver lendo este livro, minha esperança é de que já tenham feito uns seis. Abraço a mentalidade do "um dia de cada vez". Para mim, não há outra maneira de viver. Tenho que ficar no presente.

Estou otimista.

Tenho que aprender a ver a beleza na simplicidade. Creio que essa é a chave para o meu bem-estar espiritual. Tenho que mudar minha percepção e ver a beleza de Deus em todas as coisas.

Creio que o que tem me mantido interessante para o público, enquanto todo mundo geralmente tem seus 15 minutos de fama, é minha natureza camaleônica e meu desejo de abrir novos caminhos sonoros e musicais. Ter minha própria gravadora – a Softdrive Records – me permitiu total liberdade para fazer exatamente isso.

Além da música, continuo a pintar e a desenhar, mesmo que tudo pareça inconscientemente uma obra de Egon Schiele. Toda a perspectiva se foi.

Realizei um sonho de longa data ao lançar minha própria linha de vestuário – a Scott Weiland Collection by English Laundry. Amo a criatividade e a astúcia por trás de grandes roupas.

Alguém me chamou de influenciador. Bem, uma coisa é simplesmente influenciar. Já fazê-lo enquanto corre pelo fio da navalha requer certa dose de coragem e muito sangue de barata.

Tenho canções a escrever e canções a cantar. Tenho ideias para desenhos, filmes e outros livros. Meu objetivo é permanecer inspirado e inspirar os outros. Não importa quão abstrato ou diverso seja meu trabalho, quero deixar a marca de alguém apaixonadamente interessado em expressar seu coração e sua alma. Ainda estou deixando essa marca.

Não estou morto nem à venda.

HOUVE MUITOS ARTISTAS E GRUPOS COM QUEM TOCAMOS, OU QUE NOS INFLUENCIARAM, OU QUE, DE ALGUMA FORMA, NOS MARCARAM. ALGUNS DELES SÃO:

Neil Young
The Doors
Cheap Trick
Butthole Surfers
The Flaming Lips
Cage the Elephant
Sugartooth
Megadeth
Jane's Addiction
Red Hot Chili Peppers
Green Day
Elton John
Aerosmith
Thelonious Monster
Black Rebel Motorcycle Club
Linkin Park
Wiskey Biscuit
Ringo
The Rolling Stones

SELEÇÃO DE PÁGINAS
do meu
CADERNO DE ESBOÇOS

CIRCUS
PEOPLE
DONT
JUDGE

PLUS
FREE

ESOTER-
OS
VENTILATOR

VOX

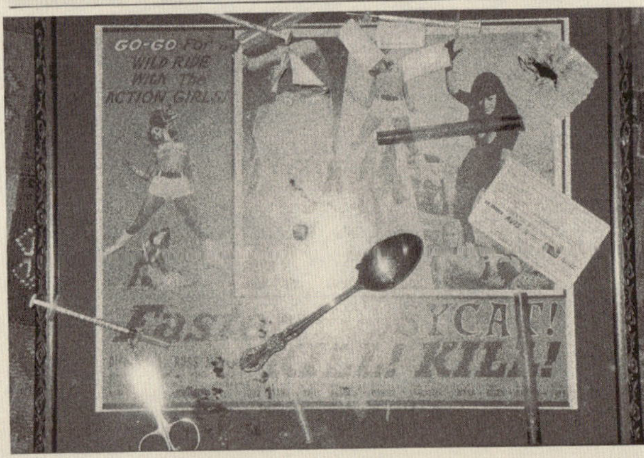

DUMB
LOVE

Mexican
WOMAN

there's so much I want to teach you if you only have the time.

century, and succeeding rulers expanded its holdings. In 1963,

t for
from
after

nstein
n Vi-
n or-
ling
in
70

The Golden Carri

there's so much I could teach you if you only have the time...

The Demons
Always come
when they're
called.
But I Dont
CAll them.
Who Does?

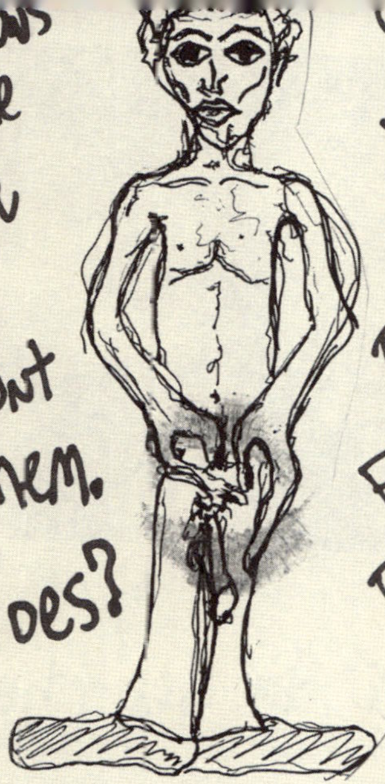

Sex
is the
only
Resurection
For
Depression

WHY DID I introduce You To MY WorLD?

I Dont Believe

I Dont Believe in Anything
I Dont Believe in me
I Dont Believe in Love
I Dont Believe in You
I Dont Believe in Anyone
I Dont Believe in peace
I Dont Believe in Hope
I Dont Believe All of it

I just Dont Believe

I LovE You to the MooN

23, 2004
Secret Failure Panel:
Dont Feel
The FADer
DONT Feel
the Heat
Dont Feel
the FADer
Just eat
shit
AND DR!

RACISM RACISM

RACISM IS AN IDEA OR PERSONAL BELIEF THAT ONE PARTICULAR RACE IS SUPIOROR OVER ANOTHER BECAUSE OF VARIOUS REASONS INCLUDING SKIN COLOR, RELIGIOS BELIEFS, PERSONAL EXPERIENCES (WHICH DONT MEAN SHIT), AND EVEN STUPID NATIONALISTIC ATTITUDES. ITS TIME WE DISMISSED ALL THIS HATRED TOWARDS ONE ANOTH ER AND TRY TO CREATE A BETTER WORLD FOR ALL OF US TO LIVE IN SINCE WERE HERE TOGETHER WHETHER YOU LIKE IT OR NOT. OTHER ISSUES SUCH AS NUCLEAR WAR, POLICE BRUTALLITY (ABUSIVE AUTHORITY), ANIMAL RIGHTS, AND FUCKED EVIL BIASED GOVERNMENTS(PROFITEERS) ARE FAR MORE OF IMPORTANT ISSUES THAN WHAT A PERSON LOOKS LIKE. ALL RACISM HAPPENS TO BE IS A PARTICULAR PERSON OR PEOPLE WHO HATE AND DETEST ANOTHER PERSON OR PEOPLE BECAUSE OF THEY HAVE BEEN RAISED OR BRAIN WASHED BY PROGRAMING PARENTS OR MISLEAD BY INSECURE SO CALLED FRIENDS.TO BELIEVE THE OTHER IS INFERIOR, EVIL, OR JUST PLAIN STUPID. AS FOR PERSONAL EXPERIENCES, MENTIONED EARLIER, OPEN UP AND USE YOUR MEASLEY LITTLE FUCKING MIND AND REALISE THERE IS A BAD APPLE IN EVERY GROUP AND YOU CANNOT BLAME AN ENTIRE RACE FOR A FEW IDIOTS MISTAKES. FOR EVERY ONE IDIOT THERE ARE MANY MORE CARING, PEACEFUL AND NICE PEOPLE. AND AS FOR PRIDE IN YOUR RACE, I AINT PROUD, IM ASHAMED FOR WHAT WHITE PEOPLE HAVE DONE TO BLACKS, JEWS, THE NATIVE AMERICAN INDIAN, AND MANY OTHER PEOPLES IN THE PAST AND ARE CONTINUING TO DO EVEN THIS VERY MINUTE. THESE ARE JUST OUR OPINIONS BUT VERY STRONG BELIEFS AND WE WONT LET ANYONE TAKE THEM AWAY FROM US BECAUSE YOU FUCKING CANT. YOU CAN KICK OUR ASSES A MILLION TIMES BUT WE <u>WILL</u> KEEP PUSHING FOR EQUALITY. VIOLENCE IS <u>YOUR</u> ANSWER NOT <u>OURS</u>, WE ARE PEACEFUL BUT WILL NOT BE PUSHED AROUND.

MEAT FACTS(DEAD ANIMAL)

WHATS IN MEAT? BESIDES LOTS OF SATURATED FATS AND CHOLESTEROL; CARCINOGENS, PESTICIDES HORMONES AND ANTIBIODICS TO PROMOTE ANIMALS ABNORMAL GROWTH AND FIGHT DISEASE CAUSED BY OVER CROWDING. IS MEAT A HEALTH HAZARD? MEAT IS DIRECTLY LINKED TO HEART DISEASE (AMERICANS #1 KILLER), HARDENING OF THE ARTERIES, HIGH BLOOD PRESSURE, CANCER OF THE COLON AND BOWEL, KIDNEY AND LIVER DISEASE. ALSO BEING NOTHING MORE THAN ROTTING FLESH IT IS HIGHE[illegible] IN BACTERIA THAN IN ANY OTHER FOOD. WHAT ABOUT THE ANIMALS? THOSE NEAT LITTLE PLASTIC PACKAGES IN THE MARKET USED TO HAVE LIVES OF THEER OWN. TODAYS INTENSIVE CONFINEMENT SYST[illegible] REDUCE ANIMALS TO "MEAT MACHINES". PIGS AND COWS ARE CASTRATED WITHOUT ANESTHESIA AND KEP[illegible] IN OVER CROWDED PENS, UNABLE TO TURN AROUND OR GROOM THEMSELVES. VEAL COWS ARE SEPERATED [illegible] THEIR MOTHERS AT BIRTH, KEPT IN TOTAL DARKNESS AND DEPRIVED OF IRON. THREE BILLION CHICK[illegible] ARE DEBEAKED WITH HOT IRONS THEN FORCED TO LIVE IN A SPACE OF A RECORD ALBUM UNTIL [illegible] INTO SOUP OR POT PIES. PLEASE HELP US STOP THIS TORTUER. BOYCOTT MEAT . CONSIDER VEGETA[illegible]

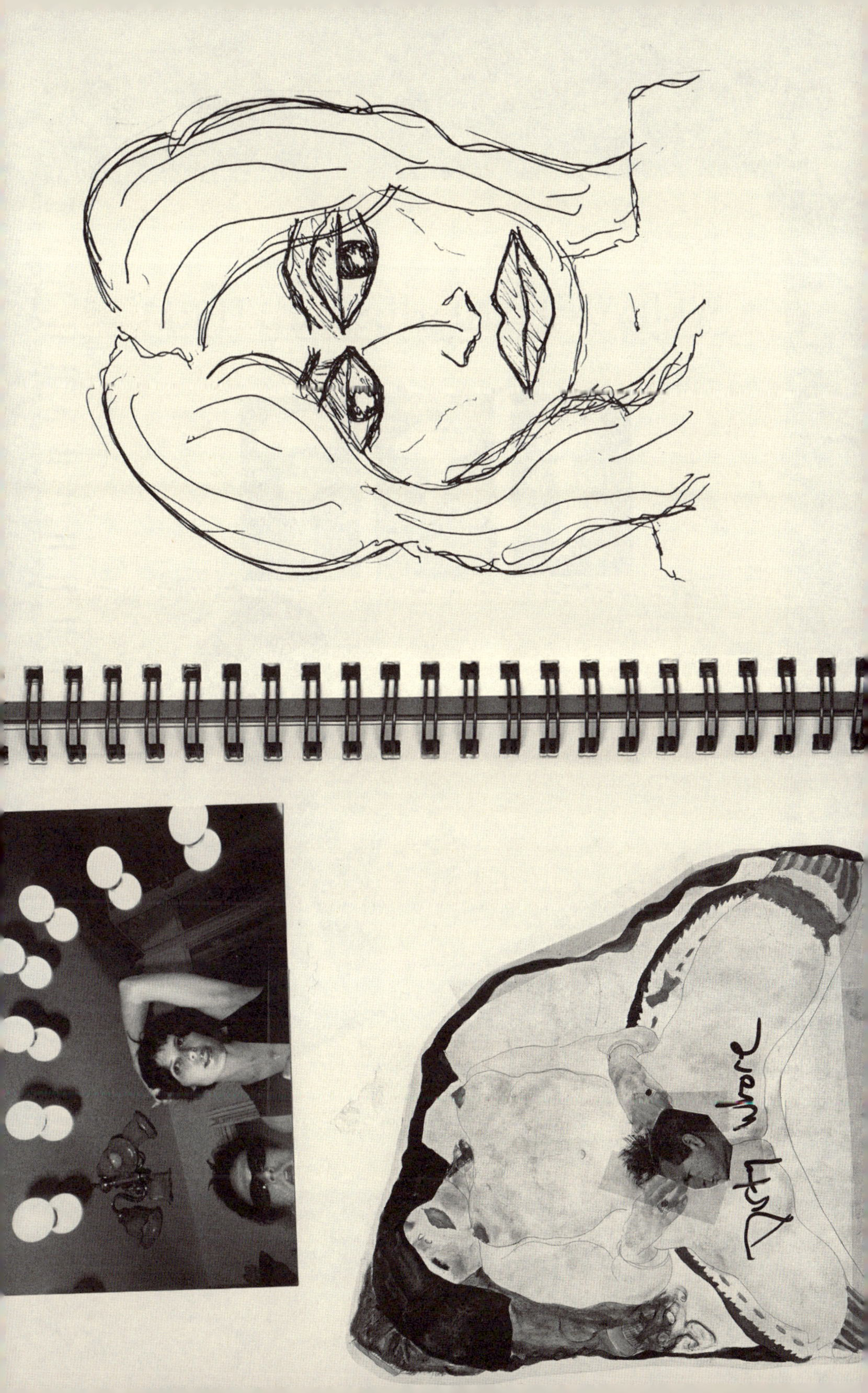
Dirty whore

WEILAND FINISHES JAIL TERM

I can't just be sitting on the

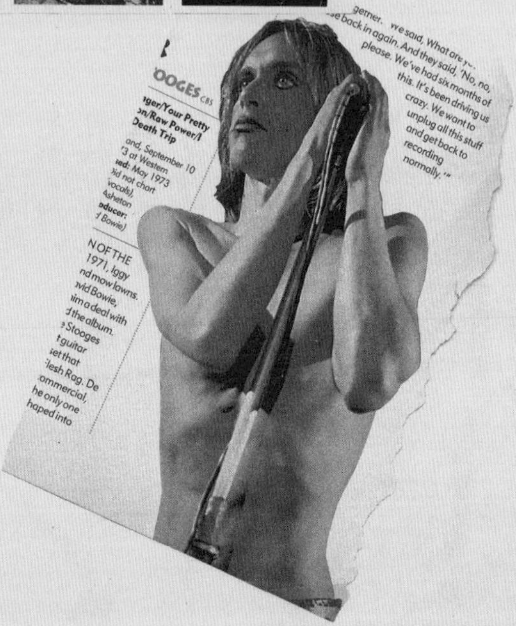

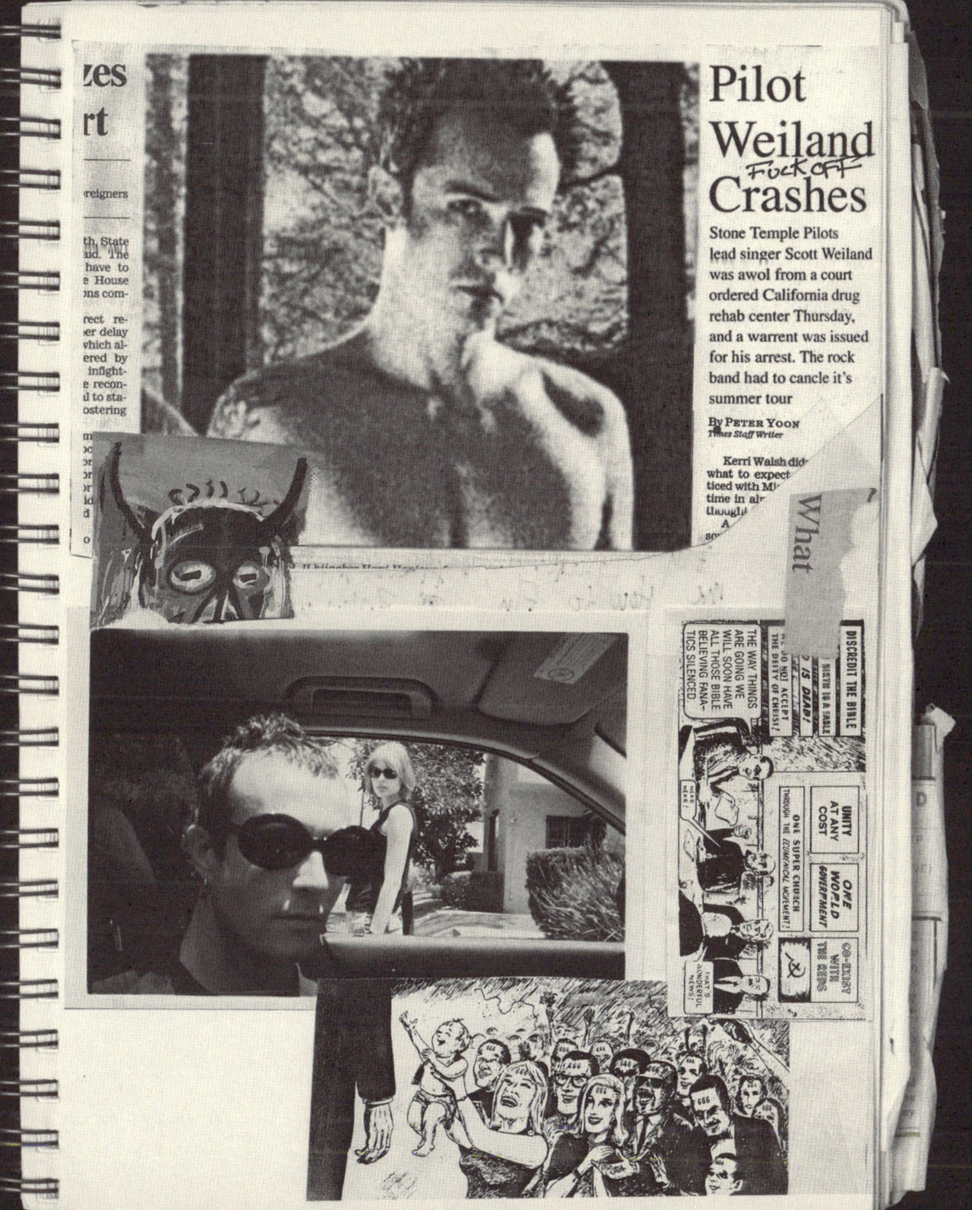

Pilot
Weiland
Fuck off
Crashes
Stone Temple Pilots lead singer Scott Weiland was awol from a court ordered California drug rehab center Thursday, and a warrent was issued for his arrest. The rock band had to cancle it's summer tour
By Peter Yoon
Times Staff Writer
What
DISCREDIT THE BIBLE
IS DEAD!
WE DO NOT ACCEPT THE DEITY OF CHRIST!
THE WAY THINGS ARE GOING WE WILL SOON HAVE ALL THOSE BIBLE BELIEVING FANATICS SILENCED.
UNITY AT ANY COST
ONE WORLD GOVERNMENT
ONE SUPER CHURCH THROUGH THE ECUMENICAL MOVEMENT!
CO-EXIST WITH THE REDS
THAT'S WONDERFUL NEWS!

CHASE OPEN

LI OPEN

CHAMPIONSHIPS

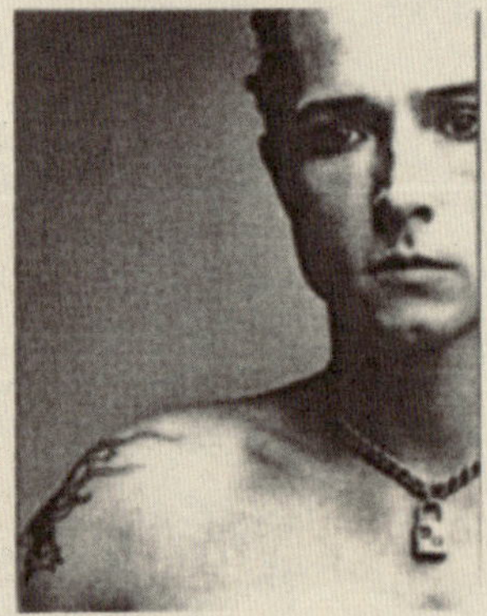

Singer Weiland faces jail time.

Rocker Weiland Skips Out Of Rehab

Officials said that Weiland was only allowed to leave the house if accompanied by a center supervisor, but he left without permission. The prior conviction in 1995 for having illegal substances on him had finally caught up with him.

By Lauren Peterson
Times Staff Writer

'Unable to Identify

unable to identify the Promises that were kept,!
your prior convictions seem lost in lack of touch.
Do I care. I should. I used to. I do. to much it eats at my my
burning stomach. bile burns when there's
lack of food. God I love you,
But why Does it Have to Hurt. I'm sick.
Baptize me. Cure me. When I dream
its of us looking down, whatching
everyone else from the Heavens. we can
fly there. you freed me once. And showed
me How to fly. Baby will you please
retape my wings.

AND

The Best Beat

Beat

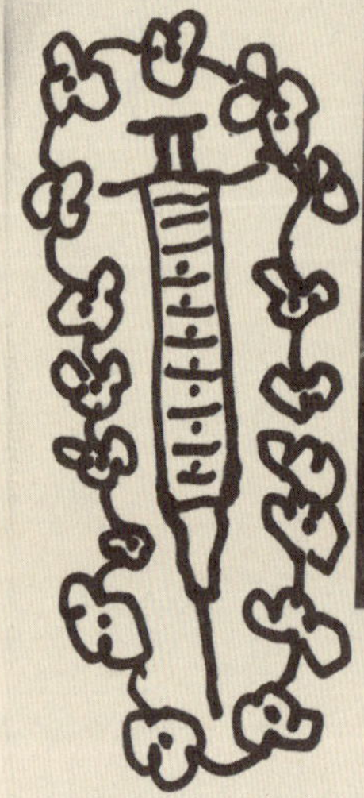

PAIN MARKS

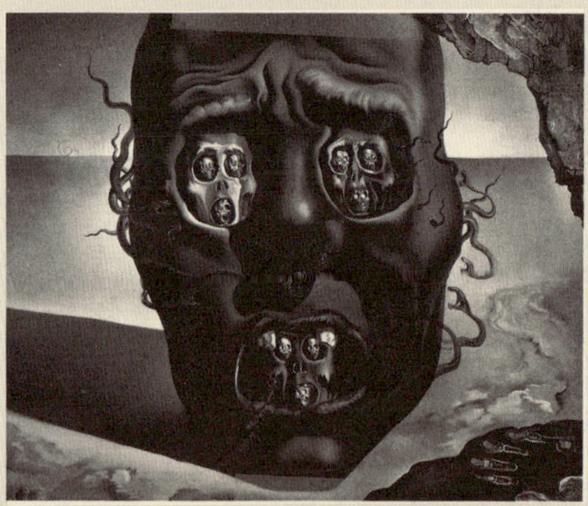

THE G
EAN

‘Pattern of Abuse,’

A1]
nder

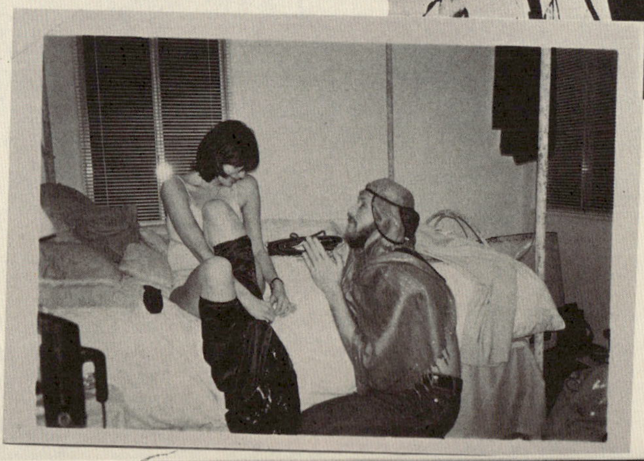

Los Angeles Times
FRIDAY, JU
F RO
STP SINGER
BUSTED IN CAR
TOGETHER...
6910 Clinton St
La Ca 90036
LOS ANGELES, CA 900
PM
28 AUG
1999
AUG 30 1999
6158735
Scott Richard Weiland
Terminal Annex
P.O. Box 86164
La Ca 90086-0164
BRC | A1

I Got You

But Its the craving for
the Good life that
sees me thru troubled
times.

When my mind begins
to wander to
the spoon. And

Ive Got You cause
Your there to Bend
And Nurture me
thru these troubled.
times. Cause the Fix Begins
to twist my troubled mind

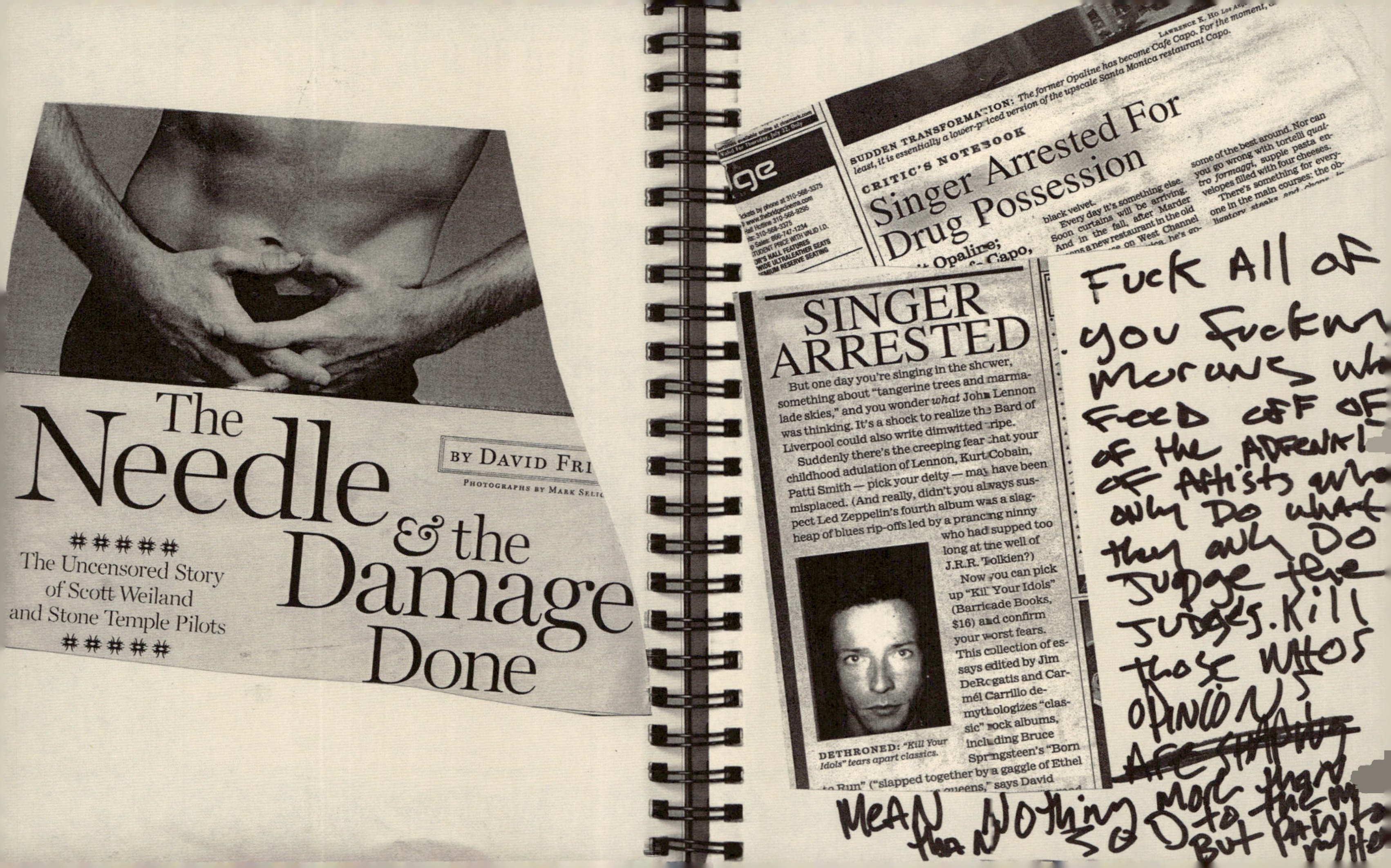

The Needle & the Damage Done
BY DAVID FRI
PHOTOGRAPHS BY MARK SELIG
The Uncensored Story of Scott Weiland and Stone Temple Pilots
SUDDEN TRANSFORMATION: The former Opaline has become Cafe Capo. For the moment, at least, it is essentially a lower-priced version of the upscale Santa Monica restaurant Capo.
CRITIC'S NOTEBOOK
Singer Arrested For Drug Possession
SINGER ARRESTED
But one day you're singing in the shower, something about "tangerine trees and marmalade skies," and you wonder what John Lennon was thinking. It's a shock to realize the Bard of Liverpool could also write dimwitted tripe.
Suddenly there's the creeping fear that your childhood adulation of Lennon, Kurt Cobain, Patti Smith — pick your deity — may have been misplaced. (And really, didn't you always suspect Led Zeppelin's fourth album was a slag-heap of blues rip-offs led by a prancing ninny who had supped too long at the well of J.R.R. Tolkien?)
Now you can pick up "Kill Your Idols" (Barricade Books, $16) and confirm your worst fears. This collection of essays edited by Jim DeRogatis and Carmél Carrillo demythologizes "classic" rock albums, including Bruce Springsteen's "Born to Run" ("slapped together by a gaggle of Ethel Merman-esque queens," says David
DETHRONED: "Kill Your Idols" tears apart classics.
Fuck All of you fucking morons who feed off of the adrenaline of Artists who only Do what they only Do Judge the Judges. Kill those whos opinions mean Nothing more than 5¢ to them But Paint my Head

TRADUÇÃO DAS COLAGENS

ou

TEXTOS MANUSCRITOS

[P. 56]

NA CAPA

A banda Soi Disant, de Huntington Beach, CA, vem se apresentado na área de Los Angeles há dois anos. Composta pelo vocalista Scott Weiland, o baixista Scott Tubbs, o guitarrista Corey Hickok, o tecladista Britton Willits e o baterista Lonnie Tubbs, seu nome francês significa "estilo próprio". E o grupo sente que sua música reflete isso.

Estritamente autoral, o grupo está chamando a atenção de grandes gravadoras e se apresentará para a Triad Artists Management no final de julho. "Muitas bandas estão escrevendo sobre problemas sociais, nós escrevemos mais em um nível pessoal", diz o vocalista Weiland.

(*Gig Magazine*, agosto de 1987)

[P. 74]

Irmãos e Irmãs:

Gostaríamos de agradecer a todos por terem vindo ver o SWING e, como sempre, precisamos do seu apoio para manter o funk rolando.

Todos aqui concordamos: não há nada melhor do que estabelecer o ritmo para todos vocês.

SWING: Scotty (vocal), Corey (guitarra), Robert (baixo), Britt (teclados) e Eric (bateria); espera vê-los em breve!

O SWING vai botar o funk pra rolar:

Quarta-feira, 21 de junho, no CATCH 22

Quinta-feira, 6 de julho, no ROXY com MARY'S DANISH, às 21h

Sábado, 15 de julho, no COCONUT TEASZERS, às 21h

Para mais informações, ligue para o SWING no (213) 837-2341.

Não se esqueça de ligar para a [estação de rádio] KROQ no 520-1067 para pedir [a música] "Drop the Funk".

[P. 194]

Para a mulher com quem vou passar o resto da vida... Para Mary Weiland

Você quer casar comigo?

(X) Sim ( ) Não

Comentários [de Mary]: Prometo te amar de todo o coração pelo resto da minha vida. Vou cuidar de você para sempre, não importa o que aconteça. Eu lhe darei filhos lindos e saudáveis. Você sempre se sentirá amado enquanto eu estiver viva. Eu te amo mais que tudo, meu lindo marido.

É oficial. Este é um documento legal obrigatório, válido em todas as cidades de todos os estados de todos os países do mundo.

Letras miúdas (Não exclusivo a este sistema solar; na verdade, abrange todo o universo)

Noiva / Noivo

[P. 196]

Nascimento

Noah Mercer Weiland

Estes somos eu, minha mãe e meu pai no hospital logo depois que nasci. Nasci em Beverly Hills, Califórnia

[P. 285]

Gente de circo não julga

[P. 287]

Livre

[P. 288]

Ventilador interno

Voz

Amor estúpido

[P. 289]

Mexicana triste

[P. 290]

Há tanto que eu quero te ensinar se você tiver tempo.

Há tanto que eu poderia te ensinar se você tivesse tempo...

[P. 291]

Os demônios sempre vêm quando são chamados. Mas eu não os chamo. Quem chama?

O sexo é a única ressurreição para a depressão.

Por que eu te apresentei ao meu mundo?

–

Eu não acredito

Eu não acredito em nada

Eu não acredito em mim

Eu não acredito no amor
Eu não acredito em você
Eu não acredito em ninguém
Eu não acredito na paz
Eu não acredito na esperança
Eu não acredito em tudo isso
Eu simplesmente não acredito

[P. 292]

Eu te amo daqui até a lua.

[P. 293]

Painel de falha secreta:
Não sinta o fader
Não sinta o calor
Não sinta o fader
Só coma merda e morra!

[P. 294]

Racismo

O racismo é uma ideia ou crença pessoal de que uma raça específica é superior a outra por várias razões, incluindo cor da pele, religião, experiências pessoais (que não significam porra nenhuma) e até mesmo atitudes nacionalistas idiotas. Já passou da hora de deixarmos de lado todo esse ódio uns pelos outros e tentarmos criar um mundo melhor para vivermos, já que estamos aqui juntos, quer você goste ou não. Outras questões, como guerra nuclear, brutalidade policial (abuso de autoridade), direitos dos animais e governos malditos, corruptos e parciais (exploradores), são muito mais importantes do que a aparência de uma pessoa. Tudo o que o racismo representa é uma pessoa ou grupo que odeia e despreza outra pessoa ou grupo por terem sido criados ou sofrido lavagem cerebral pelos pais ou desencaminhados por supostos amigos inseguros e levados a acreditar que o outro é inferior, perverso ou simplesmente estúpido. E quanto às experiências pessoais mencionadas anteriormente, abra sua maldita mente medíocre e perceba que em todo grupo existe uma maçã podre, e você não pode culpar todo um povo pelos erros de alguns poucos idiotas. Para cada idiota há muitas outras pessoas dedicadas, pacíficas e legais. E quanto ao orgulho da própria raça, não tenho orgulho nenhum, sinto vergonha pelo que os brancos fizeram aos negros, judeus, indígenas norte-americanos e muitos outros povos no passado, e continuam fazendo neste exato minuto. São apenas nossas opiniões, mas são convicções fortes, e não vamos deixar ninguém nos tirar isso, porque não tem como. Vocês podem nos espancar um milhão de vezes, mas nós vamos continuar lutando por igualdade. A violência é a sua resposta, não a nossa. Somos da paz, mas não vamos ser intimidados.

Fatos sobre a carne (animais mortos):

O que tem na carne? Além de muita gordura saturada e colesterol: cancerígenos, pesticidas, hormônios e antibióticos para promover o crescimento anormal dos animais e combater doenças causadas pelo apinhamento. A carne é um risco à saúde? A carne está diretamente ligada a doenças do coração (a principal causa de morte nos EUA), endurecimento das artérias, pressão alta, câncer de cólon e doenças intestinais, renais e hepáticas. Além disso, como nada mais é que carne apodrecida, tem uma quantidade maior de bactérias do que qualquer outro alimento. E quanto aos animais? Aqueles pacotinhos bonitinhos no mercado já tiveram vida. Os sistemas de confinamento intensivo de hoje reduzem os animais a "máquinas de carne". Porcos e vacas são castrados sem anestesia e mantidos em cercados superlotados, incapazes de se mexer ou serem limpos. Bezerros de vitela são separados das mães ao nascer, mantidos na escuridão total e privados de nutrientes. Três bilhões de galinhas são debicadas com ferros quentes e depois forçadas a viver em um espaço do tamanho de um disco de vinil até serem transformadas em sopa ou tortas. Por favor, ajude-nos a parar essa tortura. Boicote a carne. Torne-se vegetariano.

[P. 295]

Puta nojenta

[P. 296]

Weiland sai da prisão

[P. 297]

Weiland, do Pilot, envolve-se em acidente [foda-se]

O vocalista do Stone Temple Pilots, Scott Weiland, abandonou sem autorização um centro de reabilitação de drogas para o qual havia sido encaminhado pelo tribunal da Califórnia na quinta-feira, e um mandado de prisão foi expedido em seu nome. A banda teve que cancelar sua turnê de verão.

[P. 298]

Roqueiro Weiland foge da reabilitação

Funcionários disseram que Weiland só tinha permissão para sair do local se acompanhado de um supervisor, mas ele saiu sem autorização.

Weiland iria finalmente cumprir sentença anterior de 1995 por porte de substâncias ilegais.

PERTO

Incapaz de identificar

[P. 299]

Eu acredito que você acredita em mim?

Incapaz de identificar as promessas que foram cumpridas, suas convicções anteriores parecem perdidas na falta de contato. Eu me importo? Eu deveria. Eu costumava. Sim. Tanto que devora meu estômago dolorido. A bile queima quando há falta de comida. Deus, eu te amo. Mas por que tem que doer? Estou doente. Batize-me. Cure-me. Quando sonho, estamos olhando para baixo, observando todos os outros do céu. Podemos voar até lá. Você me libertou uma vez. E me mostrou como voar. Baby, por favor, remende minhas asas.

A bela e a fera

[P. 300]

Marcas de dor

[P. 302]

"Padrão de abuso"

[P. 303]

Cantor do STP é preso dentro de carro

[P. 304]

Tenho você

Mas é o desejo pela boa vida que me ajuda a superar momentos difíceis. Quando minha mente começa a ir em direção à colher. E tenho você porque está disposta a se sujeitar e cuidar de mim nesses momentos difíceis. Porque o barato começa a retorcer minha mente perturbada.

[P. 306]

A agulha e o dano causado

A história sem censura de Scott Weiland e do Stone Temple Pilots

Cantor é preso por posse de drogas

Cantor preso [seguido de trecho de outra matéria]

Fodam-se todos vocês, idiotas de merda, que se alimentam da adrenalina de artistas que só fazem o que fazem. Julgue os juízes. Mate aqueles cujas opiniões estão moldando não significam nada além de [ilegível] para as massas, mas dor no meu coração.

AGRADECIMENTOS

AGRADECIMENTOS DE SCOTT WEILAND

Enorme gratidão às pessoas mais próximas de mim.

Meus filhos, minha inspiração e força para seguir na estrada quando sinto vontade de pegar o primeiro avião e voltar para casa, para eles.

Meus pais, que me apoiaram além da conta. Por causa das minhas palhaçadas, eles ainda estão tentando colocar o sono em dia.

Minha empresária, Dana DuFine, que, desde o início do Velvet Revolver, tornou-se parceira de negócios e amiga da família.

Meu irmão Michael e sua esposa. Michael era meu melhor amigo. Seu legado me impacta todos os dias, e eu não poderia ter escrito este livro sem a amorosa influência dele.

Meus parceiros musicais. Se você nunca trabalhou com música, não consegue imaginar a intimidade criativa que flui entre os músicos. Agradeço a todos com quem dividi o palco e o estúdio.

E David Ritz. Sua peculiaridade e seu conhecimento são os melhores, e sua paciência com meus desabafos e comigo é insuperável.

AGRADECIMENTOS DE DAVID RITZ

O brilhante Scott Weiland, Brant Rumble, Dana DuFine, Aubrey, David Vigliano, Roberta, Alison, Jessica, Henry, Jim, Charlotte, Nino, James, Isaac, Esther, Elizabeth, meus sobrinhos e sobrinhas, o grupo de Terça, o grande Pops Ritz, e os amigos Alan Eisenstock, Herb Powell e Harry Weinger. Eu acredito.

Leia o QR Code e conheça outros
títulos do nosso catálogo

@editorabelasletras
www.belasletras.com.br
loja@belasletras.com.br
54 99927.0276

Este livro foi composto em Freight Text e impresso pela gráfica Coan em janeiro de 2025.